Birte Papenhausen

W0413947

# SALZ IM TEE

Alltag auf Mongolisch – Begegnungen mit Menschen und Gott

SCM
Hänssler

**SCM**

Stiftung Christliche Medien

SCM Hänssler ist ein Imprint der SCM Verlagsgruppe, die zur Stiftung Christliche Medien gehört, einer gemeinnützigen Stiftung, die sich für die Förderung und Verbreitung christlicher Bücher, Zeitschriften, Filme und Musik einsetzt.


Internet: www.scm-haenssler.de · E-Mail: info@scm-haenssler.de

Bilder im Innenteil:
Susanne Rhein: Seite 20, 41, 44, 57, 66, 68, 86, 90, 107, 114, 125, 134, 140, 147, 155, 159, 165, 184, 191, 197, 208, 213
Corrie van der Esch: Seite 70, 127, 157, 175, 194, 199
Sara Nyamjav: Seite 54, 73, 82, 92, 145, 204, 216
Oyunsuvd Byamba: Seite 162



Umschlaggestaltung: Stephan Schulze, Stuttgart
Titelbild: Foto Birte Papenhausen: © Gisela Schweers
Autorenfoto: © Gisela Schweers
Satz: typoscript GmbH, Walddorfhäslach
Druck und Bindung: Finidr s. r. o.
Gedruckt in Tschechien
ISBN 978-3-7751-6049-0
Bestell-Nr. 396.049

Mit großem Dank an Ilse-Marie und alle,
die mein Leben aus der Ferne in Treue und Liebe begleitet haben.

Im Grunde sind es doch die Verbindungen mit Menschen,
welche dem Leben seinen Wert geben.

*Wilhelm von Humboldt*

# INHALT

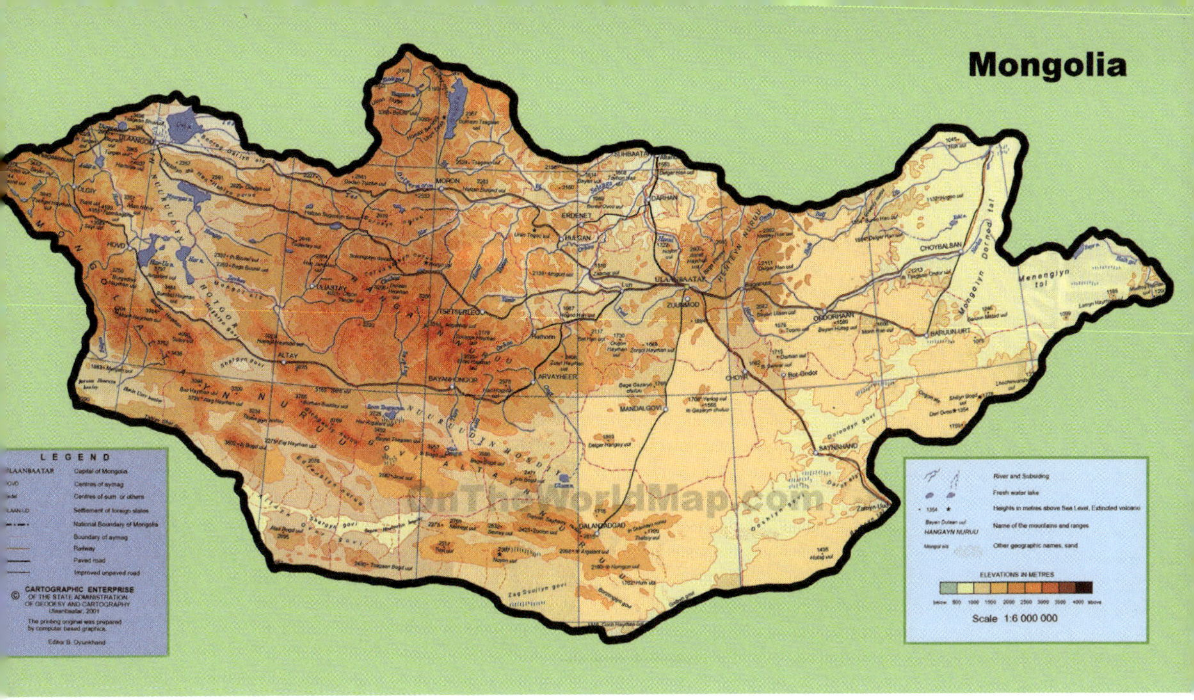


# VORWORT

Wenn ich in Gesprächen mit neuen Bekannten erwähne, dass ich elf Jahre in der Mongolei gelebt und gearbeitet habe, ist die erste Reaktion meistens Erstaunen. Bald folgt dann die Frage: »Ja, und wie war das so? Wie ist die Mongolei?«

Ich stottere dann irgendetwas Vages wie: »Die Mongolei ist schon sehr anders als Deutschland« oder »Das ist nicht so einfach zu sagen.«

Ich fühle mich unfähig, die richtigen Worte zu finden. Denn wie soll man elf Jahre und zwei unterschiedliche Sprachen, Kulturen und Gesellschaften in wenigen Sätzen zusammenfassen? Geschweige denn beschreiben, »wie das so war« und was es in einem bewirkt hat?

Selbst wenn mir mein Gegenüber viel Zeit zum Antworten ließe, bliebe es schwer, einen Eindruck zu vermitteln. Man kann natürlich anfangen, die unterschiedlichen Weltanschauungen zu beschreiben, aber am Ende bleibt es abstrakt und fremd.

Das Einzige, was meinem Leben in der Mongolei tatsächlich gerecht wird und eine innere Reaktion beim Zuhörer hervorruft, sind Geschichten über persönliche Begegnungen und Erlebnisse. Auch mir selbst hat sich die Mongolei nur so erschlossen, nicht durch Bücher, sondern durch Menschen und prägende Momente.

Je länger ich darüber nachdenke, desto deutlicher merke ich: Das gilt nicht nur für die Mongolei. Das gilt für jeden, egal, wo und wann man lebt. Unser Leben ist eine Fülle von Begegnungen. Sie sind es letztlich, die unser Leben reich, humorvoll, verrückt und kostbar machen.

# ERSTE EINDRÜCKE

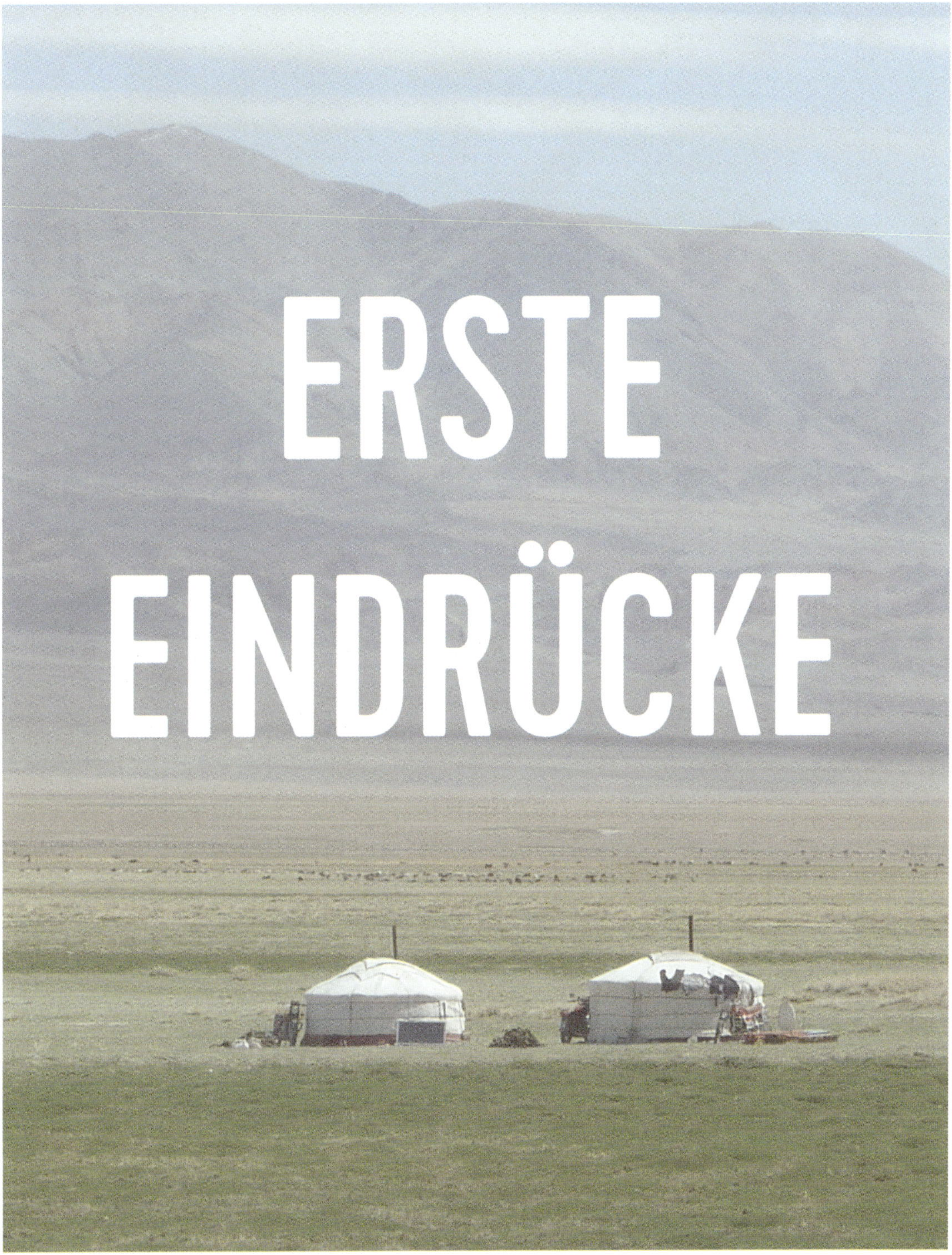

# DER MILCHTEE

Eine feste und wichtige Säule der mongolischen Kultur ist der Milchtee. Man kann die Mongolei nicht ohne ihn haben. Immer wenn es wichtig wird, ist er dabei: bei Segnungen, beim Geisterbeschwichtigen, bei Hochzeiten, wenn Gäste kommen, bei Festen, Ritualen und Feierlichkeiten.

Es ist nicht verwunderlich, dass auch viele Touristen in den Genuss kommen, Milchtee probieren zu dürfen beziehungsweise trinken zu müssen. Denn das gebührt die Gastfreundschaft. Der Genuss ist am Anfang fraglich, denn die meistens Touristen denken bei Tee an neutral oder süß – und das macht den ersten Schluck widerlich. In der Mongolei gehört nämlich Salz in den Tee und – wenn einem besondere Ehre zuteilwird – auch noch ranzige Butter.

Das hört sich unangenehm an und für viele Touristen schmeckt es auch so. Aber ich bin davon überzeugt, dass es auf die Erwartungshaltung ankommt. Erwartet man Tee, ist es eklig; erwartet man eine Art Suppe, schmeckt es einem in der Regel gut.

Man darf bei Milchtee nicht etwa an Teebeutel denken. Oh nein, es gibt eine ganz eigene Zubereitung, und die fängt damit an, dass man den aus Stängeln und Blättern gepressten Tee in einem Block auf dem Markt kauft. Zu Hause muss man den Tee erst einmal mit einem Hammer klein schlagen. Die losen Teile bewahrt man dann in einem Glas oder einer Dose auf. Dann macht man Feuer, bringt einige Liter Wasser zum Kochen und wirft den losen Tee hinein. Kurz darauf wird das Salz hinzugefügt. Nicht wenig, denn man soll das Salz auch schmecken. Wenn alles wieder kocht, kommt die Milch dazu. Jetzt muss man aufpassen. Damit der Milchtee seinen unverkennbaren Geschmack bekommt, darf die Milch nicht überkochen. Dazu muss man den Tee immer in Bewegung halten, indem man immer wieder mit einem Gefäß den Tee umgießt. Man nimmt Tee und lässt ihn aus einigem Abstand wieder in den Topf fließen. Dabei verbindet er sich auch mit der Luft. Dieser Vorgang wird viele Male wiederholt. Kurz bevor die Milch überkocht, nimmt man den Topf vom Feuer und gießt den Tee durch ein Sieb in Thermoskannen.

Der Milchtee nimmt eine so zentrale Stelle in der mongolischen Kultur ein, dass ein Schlager, der den Tee der eigenen Mutter besang, wochenlang die Hitlisten anführte und in aller Munde war. Der Milchtee war sogar für uns ein Thema, als wir darüber nachdachten, wie man in der Mongolei angemessen das christliche Abendmahl feiern sollte.

Die Mongolei ist ein Land, das jahrhundertelang schamanistisch, buddhistisch und kommunistisch gewesen war. Doch nun gab es in unserem Ort seit Kurzem eine kleine Gruppe Menschen, die an Jesus glaubten und ihm folgen wollten. Es war noch keine Tradition vorhanden, wie man das Abendmahl feiert. Da wir keine westlich geprägte Gemeinde gründen wollten, sondern eine, die in der mongolischen Kultur bestehen konnte, war es für uns eine ernsthafte Frage, was man beim Abendmahl trinken sollte. Wein gab es hier nicht, Wodka – ja, Saft – ab und zu, Sirup – oft. Und es gab den Milchtee, der bei keiner wichtigen Angelegenheit fehlen durfte und mit Ehre, Freude und der geistlichen Welt in Verbindung gebracht wurde.

Obwohl es viele gute Gründe für den Milchtee gab, haben wir uns am Ende – gemeinsam mit den mongolischen Gläubigen – dagegen entschieden. Erstens, weil er weiß ist und das Getränk beim Abendmahl das Blut Jesu repräsentiert, und zweitens, weil der Milchtee eben auch dafür benutzt wird, um böse Geister zu beschwichtigen. Wir wollten auf keinen Fall, dass Jesus mit diesen Geistern in Verbindung oder gar gleichgesetzt werden könnte.

Bei Heimataufenthalten habe ich oft versucht, Milchtee zu kochen, aber er schmeckte nie so, wie es sich gehört. War es das fehlende Feuer, der andersartige Topf, das Wasser oder die Milch?

Fazit ist: Wer echten Milchtee kennenlernen will, muss in die Mongolei reisen.

# MEIN ERSTER MONGOLE

Er war der erste Mongole, dem ich bewusst begegnete, den ich ansah, wahrnahm und mit dem ich – wenn auch nur kurz – Kontakt hatte.

Ulaanbaatar, Dschingis-Khan-Flughafen: Meine erste Ankunft in der Mongolei. Ich war noch nie hier gewesen. Ich kannte niemanden und war doch gekommen, um zu bleiben. Einige Teamkollegen empfingen mich. Sie führten mich zum Parkplatz und da war er: leicht schmutzige, zerknitterte, grauschwärzliche Kleidung, ungewaschene Haare und mit einem kleinen Papierschild, das er mir in die Hand drückte.

Ich hatte gerade erst angefangen, es zu lesen, als einer meiner Teamkollegen mir das Papier aus den Händen nahm, es dem Mongolen zurückgab, ihm etwas auf Mongolisch sagte, ihn zur Seite schob und dann ignorierte. Die Lieblosigkeit erschreckte mich und ich drehte mich kurz um, damit ich noch einen Blick auf diesen Mongolen erhaschen konnte. Es war nicht mein letzter.

Nein, diesen Mongolen traf ich immer wieder, vorzugsweise an Orten, wo sich Ausländer aufhielten: am Flughafen, an der Hauptpost, am Bahnhof, an dem zentralen Sukhbaaterplatz und – wenn das Nationalorchester spielte – am Konzertgebäude. Er hatte immer den gleichen schlurfenden Gang, einen mitleidheischenden Blick und ein zerknittertes Papier, das er Ausländern mit ein, zwei Standardsätzen auf Englisch, Deutsch oder Russisch in die Hände drückte. Wenn ich ihn auf Mongolisch ansprach, tat er so, als verstehe er nichts. Es kam sogar vor, dass ich ihn an manchen Tagen mehrfach sah und mich fragte, wie er so schnell von einem Ort zum anderen gelangt war.

Als ich ihn einmal eher nebenbei in einer Runde von Ausländern erwähnte, wurde schnell klar, dass jeder ihn kannte. Manche meinten im Scherz, dass er vielleicht ein Zwilling oder Drilling sei, andere erklärten sein häufiges Erscheinen an unterschiedlichen Orten damit, dass er in Wahrheit vielleicht ganz reich sei und mit seinem Auto zwischen den Orten hin und her brause. Als ich sagte, dass er der erste Mongole gewesen sei, den ich getroffen hätte, antwortete ein Chor von Stimmen: »Stimmt, meiner auch!«

Wenn mir dieser Mann in den Sinn kommt, muss ich innerlich schmunzeln. Was würde wohl die Regierung denken, wenn sie wüsste, dass für viele Ausländer der erste bewusst wahrgenommene Repräsentant des mongolischen Volkes ein Bettler mit zerknittertem Papierschild in der Hand ist?

# MONGOLISCHE MUSIK

Schon eine Woche nach meiner Ankunft in der Mongolei fand die jährliche Mitarbeiterkonferenz statt. In einer der Sitzungen erklangen auf einmal Töne, die Besprechung war vergessen und alle meine Kollegen eilten zu den Fenstern. Unten auf dem Hof sah man vier Musiker, die in traditioneller Kleidung auf traditionellen mongolischen Instrumenten musizierten und dabei gefilmt wurden. Meine Kollegen waren ganz begeistert, einer meinte: »Da hast du aber Glück, dass du schon so früh so etwas Besonderes zu sehen bekommst!«

Ich sagte nichts, denn meine Begeisterung hielt sich ehrlich gesagt sehr in Grenzen. Die Kleidung und die Instrumente waren zwar interessant anzusehen, aber die Musik empfand ich nicht nur als fremdartig, sondern fast als schwer zu ertragen. Zutiefst hoffte ich, dass es chinesische Musik sei und ich in den kommenden Jahren nicht solche Klänge hören müsse. Auf meine diesbezügliche Frage bekam ich eine eindeutige Antwort: »Mongolischer geht's nicht.«

Es war für mich also kein besonders guter Start, aber ich lernte schnell, dass die Musik einen großen Teil der mongolischen Seele ausmacht. In der Mongolei gewinnt man Herzen am schnellsten für sich, indem man singt, vor allem wenn es sich um mongolische Lieder handelt.

An meiner Sprachschule war das auch bekannt und so war es Teil meines Unterrichtprogramms, einige mongolische Lieder zu lernen. Kaum zu glauben, das erste Lied, das ich lernen sollte, war doch tatsächlich genau das, das ich bereits bei der Konferenz gehört hatte – das Lied von den Zugvögeln! Die nächsten zwei Lieder waren »Der Tee, den meine Mutter kochte« und das »Loblied auf die Mutter«, welches vorzugsweise bei Hochzeiten als Dank gesungen wird. Im Laufe der Jahre kamen noch viele andere Lieder dazu. Denn wohin man auch kam, es wurde viel und gern gesungen. Gemeinsam, wohlgemerkt. Das kollektive Liedrepertoire der Mongolen ist beeindruckend. Bei meiner Überlegung, welche Lieder wohl alle Deutschen auswendig singen könnten, kam ich auf keine Handvoll und war beschämt.

Mongolische Musik hörte man vor allem bei Autofahrten. Am Anfang, wenn alle noch wach waren, musste jeder reihum ein Lied anstimmen und der Rest der Mitfahrer fiel bei der zweiten Zeile ein. Stunden später verstummte die Livemusik und der Fahrer steckte seine Lieblingskassette in den Rekorder. Die hörte man dann für den Rest der langen Fahrt. Immer wieder, stunden-, ja manchmal sogar tagelang. Manchmal wurde die Musik zum Zeitmesser. Wenn wieder das erste Lied erscholl, wusste man, es war eine weitere Stunde um. Es dauerte Tage, bis man diese Lieder danach nicht mehr im Kopf hatte.

Aber die mongolische Musik besteht nicht nur aus Schlagern und Volksliedern. So ist die Mongolei auch für den Kehlkopfgesang zu Recht berühmt. Es berührte mein Herz, als ich einmal mitbekam, wie Schüler beim Putzen ihres Klassenzimmers mit dem Kehlkopf sangen.

Dann gibt es noch die *Longsongs*, die bei mir immer Gänsehaut hervorriefen, weil der Klang so einmalig und voll ist, vor allem wenn sie in Gruppen gesungen werden. Es sind alte Lieder, deren Vokale so lang gezogen werden, dass man den Text nur sehr schwer verstehen kann. Aber es geht bei diesen Liedern auch nicht um den Text, es geht um die Atmosphäre, die hervorgerufen wird. Wenn man diese Lieder hört, spürt man geradezu die Weite der Mongolei. Mir wurde einmal erzählt, dass früher Distanzen an Hand dieser *Longsongs* berechnet wurden. »Sechs Longsongs in diese Richtung und dann siehst du die Jurte.« Ich kann mir vorstellen, dass es tatsächlich so war.

Und dann gab es als ganz neue Rubrik die Lobpreislieder in den christlichen Gemeinden. Die ersten Lieder waren aus dem Englischen und Koreanischen übersetzt worden. Aber da in der Mongolei die Fünftonmusik und ein ganz anderer Takt verwendet werden, veränderten sich die westlichen Lieder oft ins Unerkennbare. Auch dauerte es nicht lange, bis die ersten mongolischen Christen anfingen, selbst Lieder zu komponieren.

Natürlich waren sie in meinen Ohren fremdländisch, doch erstaunlich war: Am Ende meiner Zeit in der Mongolei sang ich gerade die mongolischen Lobpreislieder am liebsten. Und auch das Lied von den Zugvögeln schmettere ich inzwischen mit wahrer Wonne.

# DIE FOLGEN VON BABEL

Schon in der Schule waren Englisch und Französisch meine schlechtesten Fächer. Als ich endlich mein Abitur geschafft hatte, freute ich mich vor allem darüber, ab jetzt nur noch Deutsch zu sprechen. Ich hatte mich geirrt, denn ich lebte nach meinem Abi nur ein Jahr in Deutschland und hielt mich anschließend 16 Jahre im Ausland auf. Man hatte mich vorgewarnt, dass Mongolisch nicht einfach sei. Für Menschen mit anglosächsischem Sprachhintergrund gehöre Mongolisch zu den fünf am schwersten zu erlernenden Sprachen.

Ich ließ mich nicht entmutigen, im festen Glauben, dass ich mit Gott »über Mauern springen« kann. Aber anstatt über Mauern zu springen, rannte ich dagegen. Nie hatte ich nur im Entferntesten gedacht, dass Menschen so anders denken und eine Sprache so völlig anders sein könnte. Die mongolische Sprache wurde die größte intellektuelle Herausforderung meines Lebens, eine Quelle ständiger Frustration, der Grund vieler Tränen und eine lang anhaltende Lektion der Demut.

Auf einmal bekam die Geschichte vom Turmbau zu Babel eine persönliche Bedeutung. Warum nur, warum waren die Leute damals so stolz gewesen?! Hätten sie sich nur brav kleine Häuschen gebaut, müsste ich mich jetzt nicht mit dem Mongolischen abkämpfen!

Aber die Geschichte bewirkte auch eine neue Achtung vor Gott in mir. Ich kann mir kaum ein effektiveres Mittel vorstellen, als das Erlernen einer schweren Sprache, um stolze Menschen demütig zu machen. Man kann jemand sein, man kann viel wissen, man kann vor Erfahrungen nur so strotzen, doch sobald man in einem anderen Land ist und die Sprache nicht spricht, verstummt man. Nichts von dem, was man ist und weiß, kann man vermitteln. Die ersten Sprechversuche rufen Unverständnis oder vielleicht sogar Belustigung hervor. Man wird zu einem schweigenden Beobachter, nach dem niemand fragt.

Kleinste Aufgaben werden zur unüberwindlichen Herausforderung, sobald Sprache nötig ist. Man freut sich über gelungene Tätigkeiten, die Sprachkundige nebenbei erledigen. Man ist ständig unsicher, ständig überfordert, ständig müde und man erkennt im tiefsten Innern, wie wertlos alle vorherigen Errungenschaften sind und wie wichtig es ist, von Gott gesehen und geliebt zu werden. Denn er kennt unser Innerstes, er kennt unsere Gedanken, bei ihm müssen wir sie noch nicht einmal aussprechen, egal, in welcher Sprache, bei ihm dürfen wir sein.

# DAS TELEFON

Als ich in die Mongolei kam, gab es noch keine Handys. Und nur die wenigsten Menschen hatten einen Festnetzanschluss. Der wäre ja auch völlig nutzlos in einer nomadischen Kultur und einem Land, dessen Bevölkerung überwiegend in Jurten lebt.

Daher gab es öffentliche Telefone. Das waren keine Telefonzellen, sondern Menschen, die mit ihren tragbaren Telefonen auf den Straßen herumgingen und sie ihren Mitmenschen gegen Bezahlung zur Verfügung stellten.

Für Auslandsgespräche musste man allerdings zu bestimmten Stellen gehen, die ein internationales Festnetz hatten. Dort angekommen gab man die gewünschte Telefonnummer der Person mit dem Telefon, diese wählte und – wenn jemand abnahm – wurde einem der Hörer überreicht. Ab dann lief die Uhr, damit man später die Minuten bezahlen konnte. So wenigstens sah die Theorie aus. In der Praxis war es allerdings nicht immer so einfach. Oft war die Telefonperson nicht da und – wenn sie da war – passte ein Auslandsanruf oft wegen des Zeitunterschiedes nicht. Manchmal waren lange Schlangen vorhanden, manchmal hatte man die Telefonnummer nicht zur Hand und manchmal wurde die Telefonnummer einfach nicht akzeptiert.

So erging es mir, als ich meine Oma in Norddeutschland zum Geburtstag anrufen wollte. Die Telefonfrau sah die Nummer und fragte, welches Land das sei, und meinte dann: »Diese Nummer stimmt nicht. Wenn es Deutschland ist, dann muss die Nummer mit 030 anfangen.«

»Das ist nicht korrekt« erwiderte ich. »Die Nummer stimmt schon. Aber nicht jeder in Deutschland lebt in Berlin.«

Die Frau blieb skeptisch und es dauerte eine ganze Weile, bis sie bereit war, die *falsche* Nummer wenigstens zu probieren. Leider nahm meine Oma nicht ab. Und so fühlte sich die Frau in der Annahme bestätigt, dass die Nummer falsch sei.

Es war also manchmal mühsam zu telefonieren. Daher entstand in mir der Wunsch nach einem eigenen Telefonanschluss. Als ich in meinem zweiten Jahr von einem Plattenbau in einen anderen zog, war einer der Aspekte, die ich bei der Wohnungsbesichtigung beachtete, das Telefon. Die neue Wohnung hatte zwar ein Telefonkabel, aber keine Nummer. Um eine Nummer zu bekommen, musste man warten, bis jemand mit Nummer aus dem Plattenbau auszog. Also wartete ich und war bis dahin – so würde man denken – telefonisch nicht erreichbar.

Aber bekanntlich macht Not erfinderisch und in der Mongolei lernt man schnell, dass man alleine nicht weit kommt. Direkt neben mir, auf derselben Etage, wohnte eine Familie aus meinem Team. Diese Leute hatten ein Telefon, das heißt ein Kabel und eine Nummer. Wer mich sprechen wollte, rief nun einfach diese Familie an, ich wurde gerufen oder sie klopften an die Wand, bis ich antwortete. Dann rannte ich fünf Etagen hinunter, in den nächsten Hauseingang und wieder fünf Etagen hoch, um anschließend atemlos zu telefonieren. Es war machbar, aber nicht ideal. Auf einmal kam mir eine vielversprechende Idee. Ich hatte eine wetterfeste Schnur in einem Outdoorladen gekauft. Ließe sich daraus eine Art Kabelbahn fürs Telefon herstellen, von Balkon zu Balkon?

Ich teilte meine Idee meinen Teamkollegen mit. Die Töchter, die in dem Balkonzimmer wohnten, waren sofort begeistert. Also verbrachten wir die nächste Stunde damit, die Schnurrolle hin und her zu werfen, bis die Balkone erfolgreich verbunden waren. Ein kleines Täschchen wurde an die Schnur geknotet und schon war das Transportmittel für das Telefon gebastelt. Wenn nun jemand für mich anrief, liefen die Töchter mit dem Telefon auf ihren Balkon, riefen laut meinen Namen und sobald ich auf meinem Balkon stand, wurde das Telefon zu mir befördert. Es klappte gut und ich musste nicht mehr rennen. Nur wurde der Aufenthalt auf dem Balkon während der Wochen, in denen ich auf meine Nummer wartete, immer kälter. Denn in meiner Wohnung selbst gab es immer noch keinen Empfang. So wurden die Telefonate immer kürzer, je näher der Winter kam. Zu meiner großen Freude zog dann doch kurz vor dem endgültigen Wintereinbruch noch jemand aus und ich bekam meine eigene Telefonnummer.

Ich kann nur sagen: Je weniger selbstverständlich etwas ist, desto mehr lernt man es schätzen.

BERUFE

# DIE EHRLICHE POSTFRAU

In der Mongolei gibt es keinen Briefträger und auch kein gelbes DHL-Auto. Dort gibt es Postfächer, die sich im Postgebäude befinden und die man mietet. In diese Postfächer werden dann alle Briefe gesteckt, für Pakete sind sie zu klein. Man bekommt also keine Post, sondern man holt sie sich ab. Lebt man in Hovd, braucht man nur zweimal in der

Woche den Weg zur Post einzuplanen, denn die Post kommt per Flugzeug und das kommt nur zweimal in der Woche.

Auf der Post arbeiteten drei Frauen, alle mit verschiedenen Aufgabenbereichen. Vor allem eine von ihnen lernte ich besser kennen. Sie verkaufte mir die Briefmarken und die Briefumschläge. Denn – wie sie immer wieder betonte – mongolische Post wird in mongolischen Briefumschlägen verschickt. Sie nahm meine Briefe zum Versand in Empfang und gab die für mich eingetroffene Post heraus.

Die Postfächer waren nämlich *hinter* der Glaswand, die den Kundenbereich vom Beamtenbereich abgrenzte. Und da durfte ich – zumindest am Anfang – nicht einfach eintreten. Ich musste jedes Mal höflich fragen, ob Post für das Fach 315 gekommen sei. Wenn meine dafür verantwortliche Postfrau nicht im Raum war, musste ich warten, bis sie erschien. Die anderen beiden Frauen waren nicht dafür zuständig und standen dementsprechend nur äußerst selten von ihrem Stuhl auf, um ins Postfach 315 zu schauen.

Nun gut, man ist zu Gast in der Mongolei und das heißt, sich an die mongolischen Verhältnisse anzupassen: den Staatsbeamten zu akzeptieren, freundlich zu behandeln, jedes Mal zu danken und sich an die Regeln zu halten. So vergingen einige Monate. Dann kam der Dezember, ein Monat wie jeder andere in einem kommunistischen Land. Daher waren die Postfrauen nicht auf den Weihnachtspostansturm vorbereitet. Lag sonst ab und zu mal ein Päckchen in der Ecke des Beamtinnenraumes, stapelten sich im Dezember die Päckchen und Pakete. Sie bildeten einen Haufen und drangen in die persönliche Arbeitssphäre der Beamtinnen vor.

Ich kam, fragte höflich, ob Post für Fach 315 gekommen sei, und bekam ein »Oh ja!« zur Antwort. »Hier sind die Briefe. Ob für Sie ein Paket angekommen ist, da schauen Sie mal lieber selber.«

Und so durfte ich hinter die Glaswand treten, an dem Bürotisch vorbeilaufen und mich dem Paketehaufen widmen. Pakete für Englischlehrer der Universität, für die Mitarbeiter des deutschen Entwicklungsdienstes und für Leute vom amerikanischen *Peace Corps* lagen da – und auch ein Paket für mich. Meine Postfrau überprüfte die Adresse und den Namen und ich durfte gehen. Dieser Vorgang wiederholte sich nun bei fast jedem Postgang bis

Mitte Januar. Der Paketefluss nahm zwar ab, aber die Barriere zwischen Kundin und Postbeamtin war durchlässiger geworden.

Von nun an kam ich in die Post, schaute fragend zu den Beamtinnen, erhielt ein Kopfnicken und ging selbst zum Postfach 315, um nachzusehen, ob Briefe da seien. Lag etwas in der Päckchenecke, durfte ich sogar dort hintreten und auf den Namen schauen.

In den darauffolgenden Jahren wuchs die Bekanntschaft und das Vertrauen. Manchmal geschah es sogar, dass ich gebeten wurde, Post und Päckchen, die sich bereits stapelten, zu Ausländern mitzunehmen, die schon lange nicht mehr auf der Post erschienen waren. Denn die Postfrau wollte natürlich auch Klarschiff machen.

Hin und wieder kam es vor, dass Briefe und vor allem Päckchen nach der langen Reise die Posträume beschädigt erreichten. Einmal war das Paket in seiner vollen Breite aufgerissen und die gute deutsche Salami und andere Leckereien waren offen sichtbar. Ich nahm das Paket an mich, wog es in meiner Hand und befand es für ein 2-Kilo-Paket als zu leicht. Den ganzen Nachhauseweg über wütete in mir das Gefühl, betrogen worden zu sein. Ich war fest überzeugt, dass sich da jemand an meinen Geschenken gütlich getan hatte. Sobald ich bei meiner Jurte ankam, zog ich die Handwaage hervor und überprüfte das Gewicht meines kostbaren Päckchens. Es wog 1,947 kg! Nicht das kleinste Schokolädchen war entfernt worden! Wenn mein offenes Paket für die Postfrauen eine Versuchung dargestellt hatte, hatten sie ihr erfolgreich widerstanden.

Ich war beeindruckt, beschämt, dankbar. Und bis zu meinem Wegzug hatten wir eine hervorragende Beziehung.

# FAHRER NR. 1 – DER PROFI

Als ich in der Mongolei ankam, gab es nur eine Bahnschiene, die Russland im Norden und China im Süden verband. Für den Rest des Landes bestand der öffentliche Transport aus privaten Autofahrern, die von A nach B fuhren und so lange am Markt auf Mitreisende warteten, bis ihr Auto voll war. Man konnte auch einen dieser Fahrer mieten und das Auto selbst *füllen*.

Meine erste Fahrt von der Hauptstadt aufs Land war mit einem solchen gemieteten Fahrer. Die Reise fand im Dezember statt, betrug 1 500 Kilometer und dauerte vier Tage. Dieser erste Fahrer sprach wenig und rauchte viel. Aber – und das sollte ich später noch zu schätzen wissen – er trank nicht. Er fuhr. Servolenkung hatte das Auto offensichtlich nicht, denn die Hände am Lenker pendelten von links nach rechts.

Ich saß hinten in dem Super 69, einem russischen Jeep, 1969 Erstkonstruktion. Das Super bezog sich auf die Decke, die etwas höher war als beim gewöhnlichen Jeep und gepolstert. Das war nicht schlecht in einem Land, das nur im Umkreis von 300 Kilometern um die Hauptstadt herum über asphaltierte Straßen verfügte. Was dann kommt, sind entweder ausgefahrene Pisten oder Autospuren in der Prärie oder auch acht Autospuren nebeneinander – oder gar nichts.

Mein ungeübtes Anfängerauge erkannte auf dieser ersten Reise des Öfteren gar keine Straße und ich staunte nur, mit welcher Gewissheit der Fahrer immer weiterfuhr. Selbst in der Dunkelheit und als Schneetreiben aufkam, er fuhr und fuhr, ohne Karte, ohne Navi, ohne ersichtliche Straße, und er kam jeden Abend an der angepeilten Moteljurte an.

Ich war schwer beeindruckt, bis ich am ersten Morgen bei minus 35 Grad Kälte aus der Moteljurte trat, die eisige Luft einsog und plötzlich den Fahrer erblickte, wie er unter dem Auto lag und mit offenem Feuer hantierte! Ich dachte, ich sähe nicht recht, aber es stimmte: Der Fahrer schwenkte ein einem Bunsenbrenner ähnelndes Etwas unter dem Auto. Ich lief in der Erwartung einer gewaltigen Explosion schleunigst einige Meter weg und wartete. Nichts passierte. Was er da tat, war völlig normal, denn irgendwie musste er ja das eingefrorene Motoröl wieder flüssig bekommen. Für die Alternative, den Motor die ganze Nacht laufen zu lassen, hatte er sich zum Glück nicht entschieden.

Ich ging zum Auto zurück, stieg ein, hatte aber noch lange nicht ausgelernt. An diesem Morgen zückte er doch die Wodkaflasche, ließ sich einige Schlucke auf die Handfläche laufen und spritzte diese dann an die Windschutzscheibe. »Sicherlich ein Ritual wegen der Geister«, dachte ich. Ich hatte schon beobachtet, dass man Kindern nachts Ruß zwischen die Augen streicht, damit die Geister sie nicht sehen und ihnen nichts antun können.

Aber meine Interpretation war falsch. Der Wodka sollte die Eisschicht auf der Windschutzscheibe schmelzen. Ich kam aus dem Staunen nicht heraus, denn die Fahrt dauerte einige Tage und der Fahrer war gut. Aus Mangel an Brücken fuhr er über zugefrorene Flüsse. Aus Mangel an Schildern fuhr er eben mal kurz auf einen Hügel, um sicherzugehen, dass er noch auf dem richtigen Weg war. Aus Mangel an Tankstellen füllte er den Tank mit einem Reservekanister eben schnell selbst und aus Mangel an Autowerkstätten reparierte er flink, was immer gerade kaputtgegangen war, ohne Handschuhe bei minus 30 Grad.

Kurz, meine erste Fahrt führte mir vor Augen, was es bedeutet, ein Profi in seinem Fach zu sein.

# FAHRER NR. 2 – DER ANTIHELD

Natürlich war nicht jeder Fahrer so professionell und ich hatte das Pech, einen dieser Fahrer gleich zweimal zu erwischen. Nicht absichtlich natürlich, ich hatte mir nach der ersten schlechten Fahrt das Gesicht des Fahrers gemerkt, um ihn in Zukunft zu vermeiden. Aber leider stand beim zweiten Mal sein Freund auf dem Markt und sammelte die Mitfahrer ein, er – der Antiheld – betrat erst fünf Minuten vor Fahrtbeginn die Bühne. Lächelnd teilte er uns mit, dass er uns in den nächsten Tagen durch die Mongolei kutschieren würde. Ich konnte mein Pech kaum fassen und überlegte ernsthaft, mein Gepäck wieder hervorkramen zu lassen, um auszusteigen. Aber man findet in der Mongolei nicht automatisch gleich einen neuen Fahrer und ich hatte Termine in der Stadt. Also blieb ich sitzen. Jedoch schwante mir zu Recht – wie sich zeigen sollte – Schlimmes.

Was machte diesen Fahrer zu einem Mann, den ich nicht weiterempfehlen kann? Im Gegensatz zu dem Fahrer, der bei minus 30 Grad ohne Handschuhe das Auto wieder in Gang bringen konnte, hatte dieser Fahrer nicht einmal Werkzeug in seinem Auto. Das bedeutete nicht, dass er besonders vorsichtig fuhr und sein Auto nicht zu Schaden kam. Im Gegenteil, beide Male fuhr er fröhlich in Schlaglöcher und ramponierte einmal die Vorderachse, das zweite Mal die Ölwanne. Da jegliches Werkzeug für eine Reparatur fehlte, hieß es warten, bis ein Auto vorbeikam, in dem der Fahrer Werkzeug mit sich führte. Die mongolischen staubigen Reifenspurstraßen sind nicht sehr befahren und so warteten wir mehrere Stunden auf einen solchen Helfer.

Ich kann nur von Glück sagen, dass beide Fahrten im Sommer stattfanden, denn im Winter besteht die Gefahr des Erfrierens. So verbrachte ich die Stunden damit, im Staub zu sitzen. Stunden, in denen meine Wut innerlich langsam den Siedepunkt erreichte. Aber was tun? Wohin mit der Wut? Aller Zorn führte zu nichts und ich hatte keine andere Möglichkeit, als diesem Fahrer weiterhin ausgeliefert zu sein. Irgendwann kam ein Auto mit Werkzeug vorbei und der Fahrer half selbstverständlich gleich bei der vorläufigen Reparatur. So ging die Reise weiter – langsamer. Es dauerte Stunden bis zur nächsten Werkstatt, wo dann die eigentliche Reparatur stattfand. Wieder Stunden des langen Wartens, in denen der Fahrer – immer noch gleichbleibend fröhlich – im Restaurant sein Essen verspeiste.

Dieser Antiheld von Fahrer verfuhr sich in einer Nacht so sehr, dass er nicht mehr weiterwusste. Als plötzlich ein Fluss die Straße kreuzte, teilte er uns kurzerhand mit, dass wir bis zum Morgen hier schlafen würden, damit er dann sehen könne, wo er sei.

Apropos Fluss: Da wir im Sommer fuhren, waren die Flüsse nicht zugefroren, und man konnte sie daher nicht auf dem Eis überqueren, sondern musste hindurch. Je nach Wasserstand war dies mehr oder weniger gefährlich. Einmal kamen wir an einen Fluss, bei dem man sich bezüglich der Tiefe anscheinend nicht so sicher war, denn an beiden Ufern standen mehrere Jeeps und Kleinbusse umgeben von Menschen, die den Fluss kritisch musterten und hin und her liefen.

Unser Fahrer bremste nicht einmal. Er fuhr einfach in den Fluss hinein, das Wasser kam den Fenstern gefährlich nahe, er trat weiter aufs Gas und schoss auf der anderen Seite des Flusses wieder aus dem Wasser. Die Leute an den Ufern freuten sich: Die Furt war also durchquerbar. Wir im Auto waren still. Denn wenn der Fluss nur ein wenig tiefer gewesen wäre, hätte das Auto stecken bleiben oder umkippen können, und wir wären vielleicht ertrunken. Wir hatten das Gefühl, einem Fahrer ausgeliefert zu sein, der seine Verantwortung nicht ernst nahm.

Nun gut, noch saßen wir in diesem Auto und lebten, wenn auch nicht bequem. Denn meinem Antiheld war es nicht einmal in den Sinn gekommen, die Dachluke, der das Fenster fehlte, mit Pappe oder Plastik zu schließen. So wehte die ganze Zeit ein kalter Wind ins Auto, es regnete ungehindert auf uns herab und wir konnten nachts vor Kälte fast nicht schlafen. Musste jemand von uns mal auf die Toilette, was ja im Laufe von fünf Tagen des Öfteren vorkam, hielt der Fahrer nicht gleich an, sondern fuhr so lange weiter, bis derjenige sich fast in die Hose machte und es auch sagte.

Kein Wunder also, dass ich diesen Fahrer im Laufe unserer Fahrt immer weniger respektierte. Die Stimmung im Auto war keineswegs beschwingt, aber – und das ist wohl das Erstaunlichste an der ganzen Fahrt – kein einziger Mongole beschwerte sich auch nur ein einziges Mal. Sie nahmen alles einfach schweigend und stoisch hin und verzogen nicht einmal das Gesicht. Sie ertrugen es und hielten aus, bis sie irgendwann am Ziel ankamen. Denn darauf kam es schließlich vor allem an: Am Ende sicher am Ziel anzukommen.

# FAHRER NR. 3 – DER PIRAT

Es gab noch weitere Fahrten, bei denen ich erstaunliche Aspekte der mongolischen Kultur lernte oder erinnerungsträchtige Momente erlebte, aber die meisten hatten nicht direkt etwas mit dem Fahrer zu tun. Deshalb lasse ich sie unerwähnt. Bis auf einen letzten Fahrer.

Die Fahrt mit ihm gehört zu meinen Lieblingserinnerungen, einfach weil er so ganz anders war als der Durchschnitt und sich so anders verhielt, als ich erwartete.

Ich war in der nördlichen Provinz bei einer Freundin zu Besuch gewesen und musste wieder nach Hause. Es war nicht leicht gewesen, eine Fahrt zu finden, aber am Ende war es geglückt und wie immer ging es erst nach dem Sonnenuntergang los. Ich kam zum verabredeten Treffpunkt, sah den Kleinbus, nahm wahr, dass der Beifahrersitz noch frei war, und stieg ein. Es war mal wieder kalt, daher beeilte ich mich beim Einsteigen.

Schon der erste Blick auf den Fahrer erstaunte mich. Er hatte langes Haar, was sehr ungewöhnlich für mongolische Männer ist, trug anstelle einer Fellmütze eine Art Barett, hatte eine Narbe auf der Wange und einen goldenen Ohrring. Meine erste Assoziation war die eines Piraten und ich sollte recht behalten.

Mein zweiter Blick glitt durch den leeren Bus. Das Fehlen der Sitze war nicht unbedingt erstaunlich. Ich hatte schon öfter erlebt, dass man es sich auf seinem Gepäck oder anderen Waren bequem machen musste. Um zu erfahren, wie lange es wohl dauern würde, bis alle Mitfahrer kämen und wir abfahren würden, fragte ich, wie viele Leute er noch erwarte.

»Einen, meinen Neffen«, war die kurze Antwort. Da man in der Mongolei seine Gefühle nicht zeigt, riss ich meine Augen nur innerlich auf, denn so etwas war nun wirklich sonderbar! So viel freier Raum im Auto und nur so wenige Mitfahrer? Aber gut, es hieß auch, dass wir hoffentlich bald losfahren würden. Ich machte es mir auf meinem Sitz bequem und erwartete Small Talk.

Nach dem obligatorischen »Frierst du?« sind normalerweise die ersten fünf Fragen, die mir gestellt werden: »Wo kommst du her?« »Wie alt bist du?« »Hast du Kinder?« »Bist du verheiratet?« »Warum nicht?«

Ich war inzwischen daran gewöhnt, hatte meine Antworten parat und erwartete also genau diese Fragen in dieser Reihenfolge, als der Pirat sich zu mir drehte.

»Und, hast du schon mal einen Wolf geschossen?«

Ich dachte, ich höre nicht recht. Was? Äußerlich ganz ruhig, weil es sich so gehört, antwortete ich: »Nein.« Und nach einer Weile fragte ich: »Haben Sie schon einmal einen Wolf geschossen?«

»Oh ja, viele!«, antwortete er und zog mit einer schnellen Bewegung ein Gewehr hinter meinem Sitz hervor. »Und«, fuhr er fort, »ich fühle es im Blut, heute Nacht werde ich auch einen schießen!« Damit drückte er mir das Gewehr in die Hände. Ich sollte es halten, damit er jederzeit schussbereit sei. Ich saß also mit einem geladenen Gewehr in meinen Händen auf dem Beifahrersitz, der Neffe, der inzwischen gekommen war, auf seiner Tasche hinten im leeren Laderaum und die Scheinwerfer des Kleinbusses tasteten sich durch die Nacht. Ich war nicht ganz sicher, was ich mir für die kommenden Stunden wünschen sollte: Dass wir tatsächlich einem Wolf begegnen und ich so ein Abenteuer live erleben konnte? Oder angesichts der Vorstellung, einen toten, blutenden Wolf im Laderaum liegen zu haben, doch lieber, keinem Wolf zu begegnen?

Die ersten vier Stunden vergingen ohne Wolf und bald sollten wir das einzige Dorf erreichen, das ungefähr die Mitte der Strecke markierte. Wenn man Pech hat, hält der Fahrer dann, um zu essen, was meistens ein bis zwei Stunden Warten bedeutet.

»Wunderbar«, dachte ich daher erleichtert, als der Fahrer an dem Restaurant vorbeifuhr und ich schon hoffte, damit hätten wir das Dorf passiert. Von wegen! Nicht mit meinem Piraten. Jetzt kam der Moment, in dem er seinem Aussehen alle Ehre erwies. Er schaltete die Scheinwerfer aus und fuhr im Schneckentempo durch die wenigen Straßen des Dorfes.

»Ha!«, rief er, der bis dahin kein einziges Wort gesprochen hatte und kein Interesse zeigte herauszufinden, ob und warum ich nicht verheiratet war. Er bremste, sprang aus dem Bus und riss die Ladetür hinten auf. Sein Neffe schien zu wissen, was das bedeutete, denn er sprang ebenfalls behände aus dem Bus und beide verschwanden in der Nacht. Ich saß weiter auf dem Beifahrersitz, das Gewehr noch immer in meinen Händen.

Es dauerte nicht lange, bis sie zurückkamen. Sie hievten etwas Längliches in den Bus und verschwanden erneut. Nach dem dritten angeschleiften Objekt dämmerte mir, was da geschah. Sie stahlen Altmetall! Das kann man nämlich teuer nach China verkaufen. Und genauso war's. Wie mein Pirat das Metall ohne Scheinwerfer nur im Mondschein ausfindig machte und wie oft er und sein Neffe solche Raubtouren schon unternommen hatten, weiß ich natürlich nicht. Denn die Fahrt blieb im zweiten Teil genauso schweigsam wie im ersten.

Wir wussten unsere Namen nicht, wussten nicht, woher wir kamen und ob wir Kinder haben. Das Einzige, was ich von ihm wusste, war, dass er schon viele Wölfe erlegt hatte. Aber da war er nicht der Einzige. Und ich weiß, dass er in seiner Art ein Gentleman war. Denn er brachte mich ohne Zwischenhalt, ohne dumme Bemerkungen oder Witze, ohne unfreundliche Gesten, aber mit dem Respekt, mir zuzutrauen, dass ich schon mal einen Wolf geschossen habe und sein Gewehr halten könne, bis zu meiner Haustür.

Es war eine gute Fahrt gewesen: warm, gemütlich, schnell und ohne Wolf. Ich bevorzugte dann doch Altmetall.

# DER BETRUNKENE PILOT

Ich bin schon viel geflogen, aber den Piloten meines Flugzeuges habe ich fast nie gesehen. Ist ja auch nicht nötig. In gewisser Weise ist er jemand, der eine Dienstleistung vollbringt, für die man bezahlt hat und die einen von A nach B transportiert. Man macht sich nicht viel Gedanken um den Piloten, außer seine Dienstleistung lässt zu wünschen übrig.

Das war diesmal der Fall. Es war ein Inlandsflug, bei dem man jegliche internationalen Erwartungen schon um einiges herunterschraubte. Flugzeugsitze, die umfielen, wenn man mit dem Handgepäck dran hängen blieb, Anschnallgurte, die nicht funktionierten, doppelt gebuchte Plätze – an so etwas war ich in gewisser Weise gewöhnt und das Gebet für das Flugzeug und dessen Wartung begleitete mich stets.

Es sollte noch erweitert werden. Denn der Inlandsflug von der Hauptstadt in den Westen des Landes machte noch einen Zwischenhalt im Norden. Es waren nur 20 Minuten. Aber sie reichten, damit manche Passagiere aufs Plumpsklo gehen konnten und der Pilot im kleinen Flughafengebäude Wodka zu sich nahm. So viel, dass er beim Heraustreten wankte.

Das war der Moment, in dem ich ihn sah. Schicke Uniform, selbstbewusstes Auftreten, wie in einem Film; nur, dass er nicht mehr sicher auf den Beinen war. Vermutlich hatte er mit dem Trinken schon in der Hauptstadt angefangen. Wir waren das einzige Flugzeug auf dem Flughafen und somit war nicht viel Verkehr auf der Start- und Landebahn. Trotzdem weiteten sich die Augen der Passagiere vor Schreck, als das Flugzeug Schlangenlinien fuhr. Man wollte aussteigen, aber das Flugzeug beschleunigte bereits und hob ab – und ich saß mittendrin.

Es ist erstaunlich, welch sonderbaren Gebete man manchmal zum Himmel schickt: »Herr, lass den Co-Piloten nüchtern sein! Lass den Piloten die nächsten zwei Stunden seinen Rausch ausschlafen, damit er später irgendwie erfolgreich landen kann! Befiehl deinen Engeln, dieses Flugzeug zu halten! Hilf uns zu landen und lass mich heute Abend lebendig zu Bett gehen!«

Gott erhörte mein Gebet. Und ich bin inzwischen schon wieder so weit, dass ich nur noch bei Inlandsflügen für den Piloten bete.

# DER GNÄDIGE GRENZPOLIZIST

Es leben mehr Mongolen außerhalb der Mongolei als in der Mongolei. In Russland ist der mongolische Stamm der Burjaten beheimatet und eines Tages beschloss ich, meine Kollegen dort zu besuchen. In selbstloser Hilfsbereitschaft hatte ich meiner japanischen Kollegin, die erst vor Kurzem dorthin umgezogen war, versprochen, drei schwere Kartons mitzubringen, die ihr gehörten. Mir war zwar bekannt, dass es an der Grenze etwas umständlich sei, da man immer das Gepäck aus dem Bus holen müsse, aber naiv, wie ich war, dachte ich, dass man es einfach aus dem Bus auf die Straße stellte, der Grenzbeamte es kontrollierte und man es dann wieder in den Bus verfrachten konnte.

So jedoch ging es nicht. An der mongolischen Grenze musste man das Gepäck aus dem Bus holen und dann in das Grenzgebäude schleppen. Also nichts mit einem Beamten, der gutwillig einen Blick über das Gepäck schweifen lässt und man es dann wieder einräumen kann. Ich stand also vor einem Problem: vier schwere Gepäckstücke, keine Rollwagen zur Beförderung des Gepäcks und nur ich, die kartonschleppend nicht zeitgleich die Gepäckstücke drinnen wie draußen bewachen konnte. Meine Lösung war, die Sachen besonders schnell hineinzuschleppen, und so stand ich bald darauf verschwitzt, aber mit vier Gepäckstücken im Grenzgebäude.

Die Mongolin vor mir hatte noch mehr Gepäckstücke und verteilte sie an herumstehende Leute. Ich weigerte mich, eins an mich zu nehmen, denn ich hatte schon zu viele Geschichten gehört. Zu Recht, wie sich zeigte. Ihr Gepäck wurde beim Durchleuchtungsapparat immer wieder vor- und zurückgeschoben und ich, die hinter ihr in der Reihe stand, musste immer wieder die Kartons, die beim Zurückschalten des Bandes herunterzufallen drohten, hochhieven. Die Mongolin wurde schließlich zu einem Extraschalter gewunken, meine Kartons und der Rucksack wurden kommentarlos durchleuchtet, mein Pass war in Ordnung, ich konnte gehen. Das heißt, erst musste ich die vier Gepäckstücke wieder im Eiltempo vom Gebäude zurück in den Bus tragen.

»Geschafft!«, dachte ich und ließ mich durchnässt, aber erleichtert in den Sitz sinken. Was ich nicht wusste: Die Grenze war noch nicht überschritten. Ich hatte lediglich die mongolische Grenze passiert. Da sich die Zollbeamten anscheinend gegenseitig nicht vertrauen, gab es nur 200 Meter weiter die russische Grenze. Dort wiederholte sich die ganze Prozedur:

Gepäck aus dem Bus, ins Gebäude schleppen, Passkontrolle, am Hund vorbei und alles auf eine Waage hieven. Bis dahin ging alles gut, aber dann wurde ich von einem Grenzpolizisten herausgewunken. Mit routinierter Handbewegung wurde ich aufgefordert, mein Gepäck zu öffnen. Ich öffnete meinen Rucksack und darin lag ganz oben ein Paket für eine meiner Kolleginnen. Der Grenzhund jaulte, denn es war Wurst drin. Der Grenzpolizist interessierte sich mehr für den Namen auf dem Paket, der nicht mit dem meinem übereinstimmte. Er sprach kein Mongolisch und nur wenig Englisch, daher verstand er meine Erklärung, dass es ein Geschenk sei, nicht und redete stattdessen auf mich ein. Auf Russisch, was nun ich nicht verstand.

Er zeigte auf einen der Kartons: »*Open*!« Ich tat es. Ich öffnete Karton Nummer eins, zwei und drei. Jeder enthielt japanische Bücher, CDs und amerikanische Schecks und ich fragte mich besorgt, wie lange der Bus wohl auf mich warten würde. Da standen wir, der Grenzpolizist mit seinem Hund und ich zwischen all diesen ungewöhnlichen Utensilien und ich sah förmlich, wie der Mann innerlich abwägte, ob ich harmlos oder gefährlich sei.

Er ließ den Hund noch einmal an allen Gepäckstücken schnüffeln, fegte seine Hand ziellos über die ausgepackten Dinge, sah mich lange an und sagte dann: »O.k.«.

Ich lächelte. Ich war unendlich dankbar für seine Menschenkenntnis und für seine gute Seele in der russischen Grenzmaschinerie. Ich nickte und packte schnell alles wieder ein. Auf einmal stand er wieder neben mir – mit einer Rolle dickem Klebeband – und half mir, die Kartons wieder zuzukleben. »*Spasiva*«, bedankte ich mich, schleppte die Kartons in den noch wartenden Bus und fiel auf meinen Sitz.

Eine ganz neue Grenzerfahrung und ein Mann, für den ich noch immer tiefe Dankbarkeit empfinde, sooft ich an ihn denke.

# DER KOMPETENTE FLUGHAFENMANAGER

Ich hatte in Nordthailand an einer Konferenz teilgenommen und war auf dem Weg nach Hause. Das Umsteigen in Bangkok war kein Vergnügen, vor allem weil der Inlandsflughafen und der internationale Flughafen an verschiedenen Enden der Stadt lagen und man mit dem Bus quer durch Bangkok musste. Eine riskante und zeitaufwendige Angelegenheit mit viel Potenzial für Verspätung und damit zum Flugverpassen.

Ich hatte drei Stunden Umsteigezeit. Das war knapp bemessen und ich war dementsprechend nervös. Auf einmal las ich auf dem Bildschirm in der Wartehalle, dass die

Abflugzeit um eine Stunde verschoben worden war. Das bedeutete: nur zwei Stunden, um ganz Bangkok zu durchqueren. Ich würde es nicht schaffen, den Anschluss nicht erreichen, meinen internationalen Flug verpassen und meinen Ersatzflug selbst bezahlen müssen. Ich nahm mein Handgepäck, eilte zum Schalter der Fluggesellschaft und erklärte dem Schalterbeamten aufgeregt mein Problem. Er lächelte und meinte höflich, da könne man nichts machen. Ich blieb trotzig stehen und zeigte immer wieder auf meine Flugtickets.

Irgendwann bot er an, den Manager zu rufen. Der kam auch gleich aus seinem Büro. Er erschien mir unglaublich jung und mein erster Gedanke war: »Du hast diesen Posten als Manager sicher nur durch Beziehungen und Geld bekommen und nicht, weil du so unglaublich fähig bist.« Ich erwartete ein Lächeln, aber sonst nicht viel.

Ich bekam tatsächlich ein Lächeln, dann stellte er mir die Frage, wie er mir helfen könne. Ich erklärte mein Problem. Er nickte, sagte etwas auf Thai zu seinem Kollegen, schaute auf den Computerbildschirm und informierte mich, dass mich in 40 Minuten ein Flugzeug direkt zum internationalen Flughafen fliegen würde. Der Flug koste 50 Euro und ich müsse mich jetzt entscheiden, weil die Zeit knapp sei und es noch einiges zu regeln gebe.

Es war die perfekte Lösung, also dachte ich nicht lange nach und sagte Ja. Und dann ging es los. Wie mein Gepäckstück aussähe, fragte der Manager und gab Anweisungen, meinen Rucksack aus dem bereits eingecheckten Flugzeug zu holen. Er wartete, als ich das Geld für den Flug am Automaten holte, nahm es und eilte im Laufschritt, stets Passagieren und Kofferwagen ausweichend, vor mir her zu dem Schalter der anderen Fluggesellschaft. Dort sprach er schnell und nachdrücklich, einige Gesten, ein paarmal Kopfnicken und schon hatte ich das neue Ticket in der Hand.

»Hier hinauf«, sagte er, begleitete mich von der Rolltreppe zu einer VIP-Lounge und bot mir Kaffee und Gebäck an. »Sie müssen spätestens in zehn Minuten am neuen Gate sein. Ich hoffe, Ihnen zur vollen Zufriedenheit gedient zu haben, und wünsche Ihnen noch einen guten Tag und einen sicheren Flug.« Damit war er weg.

Ich nickte nur, lächelte beeindruckt, hielt meinen Kaffee in der Hand und sagte mehrfach Danke. Im Stillen schämte ich mich meines so voreiligen Urteils über ihn. Dieser Mann war auf dem richtigen Posten und hatte mir seine Kompetenz und Fähigkeiten eindrucksvoll bewiesen.

# DER MEHLMANN

In der Mongolei werden die meisten Lebensmittel importiert. Aus China, Russland, Deutschland, Venezuela, Thailand, Niederlande, Amerika … man kann also sehr international essen. Nur mit den regionalen Produkten ist es – abgesehen vom Fleisch – ein wenig schwierig.

Daher war es für mich immer eine große Freude, wenn ich auf den Markt kam und zwischen all den Ständen mit farbigen, ausländischen Angeboten den kleinen Stand des einheimischen Mehlmannes entdeckte. Das einzige Bunte an diesem Stand waren die blauen Plastiktüten, die so schnell entzweirissen, dass man drei brauchte, um das Mehl sicher nach Hause zu tragen. Ansonsten bot sein Stand Mehl in allen bräunlichen Schattierungen an. Erstaunlich, denn alles Mehl aus China oder Russland war strahlend weiß. Sein Mehl war selbst gemahlen, sein Mehl war echtes Vollkornmehl, das Brot aus seinem Mehl schmeckte ungleich leckerer und machte wesentlich länger satt.

So freuten wir uns immer, wenn wir ihn sahen, und er freute sich über uns, weil wir sein Mehl so zu schätzen wussten. Mongolen kauften von Mehl meistens nur wenige Hundert Gramm, da sie es hauptsächlich verwenden, um es mit Butter und Zucker zu vermischen und als Süßigkeit zu essen. Wir kauften gleich mehrere Kilo.

Fast bei jedem Einkauf erzählte der Mehlmann, dass er das Mehl mit einem Stein mahle. Das fand ich natürlich sehr interessant und ich wollte das gerne einmal sehen. Aber so eine Aktion bedarf viel Organisation, denn der Mann mahlte nur alle zwei bis drei Wochen. Um mich daran teilhaben zu lassen, müsste er es frühzeitig planen, was nicht gerade die Stärke der Mongolen ist. Außerdem müsste er mich irgendwo auf dem Markt oder in der Stadt treffen, daran denken, es mir zu sagen, und ich müsste dann auch in der Stadt sein, um zu kommen.

Es vergingen Jahre und es klappte nicht. Als ich dann schließlich wusste, dass ich nicht mehr lange in der Provinz sein würde, sprach ich ihn erneut darauf an und sagte, dass ich wirklich sehr, sehr gerne mal sehen würde, wie er dieses wundervolle Mehl mahle.

Das Wunder geschah, er plante, traf mich, erinnerte sich, lud mich ein, ich war in der Stadt und frei – und ich fand sogar seine Jurte.

Er führte mich hinein und da war alles aufgebaut: zwei große schwere Mahlsteine; ein Stab in der Mitte, der sie auf der Stelle hielt; ein Stab am oberen Stein befestigt; Seile, die von diesem Stab an die Jurtendecke führten; Juteplanen als Unterlage und Säcke mit Korn, die dort standen, um zu Mehl verarbeitet zu werden.

Mongolen lehren nicht, indem sie etwas erklären, sondern sie zeigen dir, wie etwas geht. Und so kniete der Mann sich hin, streute Korn in das Loch in der Steinmitte und begann den Stein zu drehen. Das Seil summte durch die Luft, es sah einfach aus, klang rhythmisch und roch hervorragend nach frischem Mehl.

Nach einer Weile bot er mir seinen Platz an. Ich kniete mich hin, nahm den Stab in meine Hand, wollte loslegen, aber nichts geschah. So einfach war das Ganze also nicht. Selbst als ich es schaffte, den Stein in Bewegung zu setzen, blieb er nicht wirklich in der Mitte; statt Mehl kamen Kornraspeln zum Vorschein und von Summen oder verführerischem Mehlgeruch konnte keine Rede sein.

Der Mehlmann zeigte es mir noch einmal. Ich schaute zu, kniete mich hin und versagte erneut. Aber die Mongolen sind geduldig und haben großes Nachsehen mit uns Ausländern. Also ließ er mir Zeit, machte es mir noch mehrere Male vor und irgendwann drehte sich der Stein auch bei mir in einer gewissen Gleichmäßigkeit, auch wenn von Summen noch immer nichts zu hören war.

Ich strahlte und schwitzte. Unglaublich, was das für eine Kraft beanspruchte! Als Erstes tat der Arm weh, dann der Rücken, dann die Beine vom Knien. Es dauerte nicht allzu lange und ich fand es gar nicht mehr so lustig. Es war eben nicht einfach nur eine Illustration im historischen Museum, sondern richtige Arbeit.

Ich muss gestehen, dass ich nach wenigen Stunden ging. Dankbar, erschöpft und mit einem großen Respekt vor diesem Mann und dem Mehl, das er verkaufte.

# DIE TAGELÖHNER

Der Weg zu unserem Büro in der Hauptstadt führte durch die *Baumarktstraße*. In dieser Straße fand man alles, was man zum Bauen und Renovieren brauchte: Holz, Steine, Beton, Farbe, Nägel, Rohre, Türen, Fenster, Styropor und vieles mehr. Sogar Arbeiter konnte man dort finden. Sie standen oder saßen – gut sichtbar für alle Passanten – auf der breiten Treppe des ersten Geschäfts an der Kreuzung bei der Bushaltestelle. Manche hatten Schilder mit Berufsbezeichnungen in den Händen, andere waren bereit, alles zu tun, wofür man sie anwarb.

Morgens war die Treppe voll, mittags war sie leerer, abends saßen immer noch einige wenige Leute dort. Die Treppe war nie leer. Immer saßen dort noch Menschen, die hofften, von irgendjemandem angeheuert zu werden, um für einen Tag Lohn zu bekommen und etwas Geld nach Hause zu bringen.

Wenn ich das Gleichnis der Arbeiter im Weinberg lese, sehe ich immer diese Treppe mit Tagelöhnern vor mir. Wie der Gutsbesitzer zu der Treppe kommt und Arbeiter anwirbt. Morgens in der Frühe, um neun, um zwölf, um drei und um fünf Uhr. Ja, und selbst um fünf Uhr stehen noch Leute untätig herum und auf die Frage, was sie hier tun, antworten sie: »Es hat uns eben niemand angestellt.« Und statt nach möglichen Gründen zu suchen – vielleicht haben sie zu lange geschlafen und kamen einfach zu spät für die guten Jobs oder sie können nicht viel oder Arbeitgeber haben schon schlechte Erfahrungen mit ihnen gemacht –, stellt der Gutsbesitzer sie einfach ein. Und nach nur wenigen Stunden Arbeit gibt er ihnen einen Tageslohn!

Was für ein Arbeitgeber! Ich bin mir sicher, hätte ich die Tagelöhner auf der Treppe gefragt, ob sie so etwas schon einmal erlebt haben, keiner hätte Ja gesagt. Und ich bin genauso sicher, dass jeder dieser Arbeiter, die um zwölf, drei und fünf Uhr immer noch unerwünscht und arbeitslos herumsaßen, gerne bei so einem großzügigen Menschen arbeiten würde. Einem Menschen, der einem seine Würde wiedergibt und einen mit Geld in der Hand nach Hause gehen lässt.

Wirklich schade, dass die meisten Menschen sich nicht vorstellen können, dass Gott so einem einzigartigen Arbeitgeber gleicht.

# DIE LEHRERIN AUS DER WÜSTE

Sie war meine Lehrerin für Wortschatz. Sie sprach Mongolisch und Russisch, ich Deutsch, Englisch und Niederländisch. Wir hatten also keine gemeinsame Schnittmenge.

Trotzdem wurde sie zu meiner Lieblingslehrerin und ihr Unterricht war der einzige, auf den ich mich freute. Am Anfang arbeiteten wir hauptsächlich mit Bildern. Reines Wörterlernen. Sie zeigte mir ein Bild, sprach das Wort aus, ich sprach es nach, sie korrigierte meine Aussprache, ich schrieb das Wort mit Übersetzung in mein Vokabelheft und wiederholte es zigmal zu Hause, da sie es am nächsten Tag abfragte. Das war machbar und man sah Fortschritte, außer es ging um Worte, die es in meiner Erlebniswelt bisher nicht gab.

So war eins der ersten Wörter, die ich lernen musste, ein Verb, welches »das immer aufs neue Umschwenken des Tees im Prozess des Milchteekochens« bedeutete. Ich verstand das Bild nicht. Ich verstand auch die Handbewegung der Lehrerin nicht, auch nicht, als sie den ganzen Ablauf nachspielte. Ich wusste nicht, was sie mir da beizubringen versuchte. Ich hatte bis dahin zwar schon Milchtee getrunken, aber noch nie gesehen, wie er zubereitet wird. Zum Glück stand das Wort im deutsch-mongolischen Wörterbuch, das dank der hervorragenden Beziehungen zwischen der Mongolei und der DDR vorhanden war.

So gab es also immer wieder Herausforderungen und immer wieder Wörter, deren Wichtigkeit ich insgeheim anzweifelte. Würde ich wirklich wissen müssen, wie das Kamelfleisch von Beinen, Bauch, Rücken oder Hals hieß? Nein, aber vermutlich nur deshalb nicht, weil ich später ins Altaigebirge zog und nicht in die Gobiwüste ging.

Die Lehrerin stammte aus der Gobiwüste. Sie kannte Kamele, sie liebte Kamele, ihr ganzes Wesen wurde weich, wenn sie über Kamele sprach. Ab und zu kamen ihr sogar die Tränen. Auch ich habe Kamele lieben gelernt, diese sanften Tiere mit dem warmen dicken Winterfell. Und viele, viele Wörter, die mir diese Lehrerin vom Lande beibrachte, habe ich später immer wieder verwendet. Dank ihres Unterrichts konnte ich mongolische Lieder anstimmen, wenn ich darum gebeten wurde; kannte so manche Antwort auf scheinbar völlig absurde Rätsel und so war es mir möglich, bei einigen der Knöchelspiele sofort mitzumachen.

Ich werde nie vergessen, wie sie mir das erste Knöchelspiel beibrachte. Sie warf die fein gesäuberten und abgekochten Fußgelenk-Knöchelchen von Schafen und Ziegen vor mir auf den Tisch. Dann setzte sie sich und erklärte mir, dass die eine Seite des Knöchels ein Schaf sei, die andere eine Ziege, die dritte ein Pferd und die vierte ein Kamel. Stehe der Knöchel aufrecht, sei es ein Mensch. Ich starrte sie entgeistert an. Wie bitte?

Sie wiederholte alles etwas langsamer, aber ich verstand immer noch nicht. Und dann wies sie auf die Details und tatsächlich, jede Seite des Knochens sah anders aus. Das Pferd war glatt, das Kamel hatte zwei Höcker, die Ziege Hörner, das Schaf nicht. Erstaunlich!

Nachdem ich diesen ersten Schritt verstanden hatte, ging es an den nächsten, das Schnippen. Von der Erklärung meiner Lehrerin verstand ich nicht viel, sah aber ihre Fingerbewegung. Ich wählte einen Knochen aus, nahm als Linkshänderin die linke Hand, was sofort korrigiert wurde, und schnippte dann mit rechts so stark wie möglich. Der Knöchel flog in einem hohen Bogen durch das ganze Zimmer und knallte mit einem lauten Krach an die Wand. Wir waren dem Knöchel nicht nur mit dem Blick, sondern auch mit dem Kopf gefolgt und es entstand eine Stille.

Dann lachte sie, lachte und lachte und hatte wieder Tränen in den Augen. Sie hob den Knöchel auf, legte ihn wieder auf den Tisch zu den anderen und erklärte erneut und diesmal langsamer. Mehrfach machte sie mir die Bewegung vor. Ich lernte: Es ging nicht um Kraft, sondern um Präzision. Es ging darum, dass ein Schafknöchel ein anderes Schafknöchelchen berührte, ohne andere zu berühren, oder ein Kamel ein Kamel und man dann beide Knöchelchen aus dem Spiel nehmen und so viele Punkte sammeln konnte. Ich verstand und so spielten wir und spielten und hatten unseren Spaß.

Immer wenn später Nomaden ihre Kiste mit Knöchelchen hinter den Truhen hervorholten, musste ich an meine Lehrerin denken und dankte ihr für ihre hervorragende Vorbereitung auf das Landleben.

# DER GESUNDHEITSMINISTER

Mit unserer Hilfsorganisation führten wir Projekte im Gesundheits- und Bildungsbereich durch. Wir arbeiteten mit Schulen, Kindergärten und Krankenhäusern zusammen und hatten immer mal wieder Besprechungen mit der Provinzregierung, dem Präsidenten und dessen Minister für Gesundheit und Bildung.

Kontakte zur Regierung zu haben war des Öfteren vorteilhaft. So durften wir im Sommer, wenn Russland den Strom abgestellt hatte, bis alle Rechnungen bezahlt waren, von dem Generator im Regierungsgebäude profitieren und dort zwei Stunden am Tag arbeiten und unsere Laptop-Akkus aufladen. Hin und wieder konnten wir auch in einem der Regierungsautos zu Dörfern mitfahren. Denn der Präsident und seine Minister hatten jeder Jeeps mit Chauffeur. Das Kennzeichen des Präsidenten erkannte man sofort an der Nummer 0001.

So kam es, dass meine mongolische Mitarbeiterin und ich in dem Auto des Gesundheitsministers für eine achtstündige Fahrt zu einem Dorf mitkommen durften. Das war klasse. Gesicherte Hin- und Rückfahrt, kein Fahrzeug suchen, kein langes Warten, bis jeder da ist, kein Zusammenquetschen, kein Halten an Raststätten oder Jurten von Verwandten, stattdessen ein qualifizierter Fahrer!

Wir waren dankbar und froh, bis es zur Rückfahrt kam.

Der Minister hatte seine Arbeit anscheinend erfolgreich abgeschlossen, seine Dorfkollegen standen zum Verabschieden an seinem Jeep und eine Wodkaflasche machte die Runde. Nicht die erste, wie man an dem Hin- und Herschwanken des Ministers sehen konnte. Wir wurden in die Runde aufgenommen, sollten auch mittrinken, sonst wären wir keine echten Freunde. In der ersten Runde nippten wir am Glas und gaben es weiter. Nach dem Minister musste das Glas neu gefüllt werden. Bei der zweiten Runde winkten wir schon dankend mit dem Hinweis ab, dass wir ja nun auch bald losmüssten. Keine Chance, wir nippten wieder. Erneutes Glasauffüllen nach dem Minister.

Bei der dritten Runde erwähnten wir, dass wir Gesundheitsprojekte durchführen und Kindern die Folgen von Alkoholkonsum lehren würden und somit nun nicht gut weitertrinken könnten. Dieses Argument stieß auf völliges Unverständnis, schließlich war es ja der Gesundheitsminister, der hier am meisten trank und damit seine Volksnähe und Freundschaft ausdrückte.

Nach etlichen weiteren Runden, die wir am Auto wartend verbrachten, stieg der Minister endlich ein und es ging los. Total betrunken entschuldigte er sich mehrfach bei uns. Das war nicht ungewöhnlich. Wenn sich ein mongolischer Mann entschuldigt, dann ist das ein untrügliches Zeichen für seine Betrunkenheit. So sagten wir nichts und waren dankbar, dass der Fahrer nüchtern war, was beileibe keine Selbstverständlichkeit und daher umso bemerkenswerter war.

Der Minister schlief ein und schnarchte, bis er kurz darauf erwachte, weil er auf die Toilette musste. Die ganze mongolische Steppe bietet sich als Toilette an und so hielt der Fahrer augenblicklich und stieg aus. Ich wunderte mich etwas darüber, aber dann sah ich, wie der Fahrer die Tür des Ministers, der erfolglos am Griff fummelte, öffnete, dem Minister heraushalf, sicherstellte, dass dieser stand und nicht umkippte, daraufhin die Hose des Ministers öffnete und den Mann festhielt, bis dieser fertig war. Dann arrangierte er die Hose neu, führte den Minister zurück ins Auto, schloss die Tür und stieg mit einem uns durch den Rückspiegel zugeworfenen entschuldigenden Blick ein und startete den Jeep. Sogleich erklang erneut das Schnarchen und hielt an, bis wir zu Hause ankamen.

Wir bedankten uns mehrfach beim Fahrer. Was für ein Job! Die Routiniertheit seiner Bewegungen machten ganz deutlich, dass die Toilettenhilfestellung Teil seiner Arbeit war. Der Fahrer war in meiner Achtung gestiegen, der Minister dagegen schwer gesunken.

Ich traf ihn einige Tage später auf der Straße. Er grüßte, als sei nichts gewesen. Und es war für Mongolen auch nichts gewesen. Man trank und was ein Betrunkener gesagt oder getan hatte, vergab man ihm, er war schließlich betrunken. Aber ich konnte nicht anders, als innerlich zu fordern, dass ein Gesundheitsminister mehr Format zeigt.

# DER MANN VON DER AUSLÄNDERBEHÖRDE

Seine Aufgabe war es, darüber informiert zu sein, welche Ausländer in der Provinz lebten und was sie taten. Er war von der Hauptstadt in diese Provinz versetzt worden und es blieb offen, ob seine Motivationslosigkeit der Auslöser oder die Folge dieser Versetzung war. Aber eins musste man ihm lassen: Er war stets elegant gekleidet und hatte ein gepflegtes Aussehen.

Ich war alleine in unserem Büro, als er anklopfte. Ich bot ihm einen Kaffee an, er nahm an, setzte sich und holte eine Mappe aus seiner Aktentasche.

Als Erstes fragte er mich nach meinen Daten, die schon seit Jahren gleich waren, dann erinnerte er sich, dass hier doch auch andere Ausländer arbeiteten. Da diese Daten ebenfalls unverändert waren, hakte er sie erfreut ab. Mit unserem Betrieb war er also fertig. Aber er hatte offensichtlich Sorgenkinder, von denen er mir bei einem weiteren Kaffee erzählte. Er könne einfach diese eine Person nicht finden. Er laufe sich die Hacken ab, aber nirgends sei sie aufzufinden.

»Kein Wunder«, bemerkte ich. Diese Person war nur für ein Jahr in unserem Ort gewesen und schon seit mindestens drei Jahren nicht mehr hier.

»Ach …« Er war sichtlich überrascht und wechselte zu einer betriebsamen Geschäftigkeit. Er nannte den Namen einer anderen Person, die er ebenfalls nicht finden konnte. Ich erklärte ihm, dass auch sie schon seit einiger Zeit nicht mehr in der Stadt lebe.

Er saß am Tisch, in der einen Hand die erstaunlich lange Tabelle mit den Namen von in Hovd lebenden Ausländern, in der anderen Hand einen Kuli. Er las die Namen vor und ich klärte ihn auf, ob diese Leute noch im Lande waren oder nicht. Ab und zu konnte ich ihm keine Auskunft geben, aber es war deutlich, dass ich dabei war, sein Arbeitspensum erheblich zu verringern.

Trotzdem steigerte sich seine Laune überraschenderweise nicht. »So«, sagte er seufzend, als wir am Ende der Liste angekommen waren. »All diese Leute, die noch immer hier sind, muss ich jetzt aufsuchen, um deren Daten zu bestätigen.«

Er schaute auf, schaute mich an und hatte auf einmal eine grandiose Idee: »Könnten Sie das nicht für mich machen? Sie scheinen die Leute ja sowieso schon zu kennen.«

Ich verneinte und wies ihn möglichst höflich darauf hin, dass ich bereits selbst eine Arbeit hätte und es sicher angebracht sei, wenn er die Aufgabe, für die ihn die Regierung eingestellt habe, selbst erledige. Er nickte, trank seinen Kaffee aus, erhob sich müde, zog sein Jackett an und verließ unser Büro.

Ich habe ihn bis zu meinem Wegzug nicht mehr getroffen. Das erklärte auch seine veraltete Liste. Vermutlich hat er sich irgendwann in dem Versuch, mich zu finden, »die Hacken abgelaufen«, nur um später von jemand anderem zu erfahren, dass ich schon seit Jahren verzogen war.

# DER ENGAGIERTE ARZT

Eines unserer Projekte war es, Hörgeräte an Leute in den Dörfern zu verteilen. Wir arbeiteten dafür mit den Ärzten der Dörfer zusammen. Sie wussten ja am besten, wer schlecht hörte, und sie konnten diese Menschen an einem bestimmten Tag ins Krankenhaus rufen. Dort konnten wir die Räumlichkeiten nutzen und die Ärzte hoffentlich mit unserem Besuch und dem Hörgeräteprojekt ermutigen.

Wir waren schon in einigen Dörfern gewesen und ich hatte schon ein paar Krankenhäuser gesehen. In der Regel sahen sie alle – wie es sich für einen guten Sozialismus gehört – gleich aus: zweistöckig, grauer Boden, die Wände farblich in zwei Hälften geteilt: unten blauer Lack, oben weiß, gleiche Raumaufteilung, das Ärztezimmer ganz hinten rechts.

Wir waren in dem Dorf angekommen, fanden das Krankenhaus ohne Probleme und stiegen aus, um den Arzt zu treffen und letzte Absprachen vorzunehmen. Am folgenden Tag sollten die Hörgeräte verteilt werden.

Wir wussten von den anderen Krankenhäusern her, wo das Ärztezimmer war, und somit war es leicht, den Arzt zu finden. Wir klopften, hörten ein »Ja« und traten ein.

Es war wie in einem Schwarz-Weiß-Ärztefilm der 50er Jahre. Der Arzt saß in einem weißen Kittel hinter dem dominierenden Schreibtisch, rechts zwei leere Stühle, links der Schrank mit den Geräten. An der Wand hingen Poster mit Abbildungen menschlicher Organe. Was meinen schweifenden Blick stoppte, war die Tatsache, dass die Poster handgefertigt waren. Mit Buntstiften gemalt und fein säuberlicher schwarzer Schrift bezeichnet. Sowohl die Darstellungen als auch die Beschriftungen waren sauber und akkurat. Eine Arbeit, die Stunden beansprucht haben musste. Ich war fasziniert und konnte mich kaum losreißen. Ich spürte, hier hatte jemand Leidenschaft für den menschlichen Körper, für den Arztberuf.

Der erste Eindruck täuschte nicht. Der Arzt stand behände auf, drückte uns die Hand, freute sich, dass wir da waren, und zog dann eine lange, sehr gut zusammengestellte Liste hervor, auf der alle Menschen, die Hörgeräte benötigten, in verschiedenen Kategorien vermerkt waren. Er hatte die Schwerhörigsten als Erstes bestellt, nur gesetzt den Fall, dass wir nicht genug Hörgeräte dabeihätten und es nicht für alle reichen würde. Dann die Kinder, die in der Schule alles gut mitbekommen mussten und die Hörgeräte zum Lernen brauchten, dann die Personen in wichtigen öffentlichen Positionen, die dem Rest des Dorfes mit ihrer Arbeit dienten, und am Ende alle anderen.

Er kannte all diese Leute, kannte ihre Familienverhältnisse, ihre Krankheitsgeschichten und Persönlichkeiten. »Dieser Herr jammert leicht. Er macht es gern etwas schlimmer, als es ist.« Und: »Wenn diese Frau das sagt, dann stimmt es.«

Wir verteilten viele Hörgeräte an diesem Tag. Es war eine wunderbare Kooperation, die beide Seiten und die Patienten zufriedenstellte. Als wir dem Arzt noch einige Päckchen Batterien für die Hörgeräte überreichten, hatten wir das seltene Gefühl, dass die Nacharbeit in sehr guten Händen lag.

Jahre später traf ich diesen Arzt im Gebäude der Provinzregierung wieder. Er war als Gesundheitsminister berufen worden. Ich gratulierte ihm von Herzen, freute mich über eine Besetzung, die nicht durch Beziehungen, sondern durch Leistung zustande gekommen war, und konnte mir keinen besseren Arzt für diese Stelle denken.

KULTUR

# KOMMUNISTISCHE FARBENLEHRE

Das kommunistische Gleichheitsprinzip macht das Leben in mancher Hinsicht einfacher. Da die Plattenbauten alle gleich sind, muss man bei einem Besuch nie fragen, wo die Toilette ist. Auch Städte sind alle nach demselben Prinzip aufgebaut: ein großer Platz, auf dem in der Mitte ein Denkmal für einen kommunistischen Helden steht, um den Platz herum das Regierungsgebäude, das Theater, die Post und meistens die erste Schule des Ortes, oft die älteste und beste. Falls diese klare Ortsaufteilung nicht ausreicht, um kenntlich zu machen, wozu ein Gebäude dient, gibt es noch den Anstrich und die Einrichtung.

So bekam ich auf meinen Vorschlag, die Fensterrahmen des Raumes, in dem unser Kindergartenprojekt stattfinden sollte, innen blau zu streichen, ein klares Nein zu hören. Fensterrahmen von Kindergärten seien innen weiß und außen blau. Auch die Innenwände in Schulen und Krankenhäuser waren in ihrer farblichen Unterteilung festgelegt. Der untere Teil war mit einer Lackfarbe grün oder blau gestrichen, ab anderthalb Metern gab es dann weiße Gipsfarbe. Die Geländer waren ebenfalls blau, der Boden ockergelb.

Als ich die Küche in einer für unser Team neu angemieteten Wohnung zitronengelb streichen wollte, bekam ich wieder eine resolute Absage: »Nein, Küchen sind nie gelb, Küchen sind weiß.« Und unsere Küche wurde weiß.

Die Tore von Grundstücken waren ebenfalls immer grün oder blau. Als ich unser verrostetes Tor neu anstrich, wurde ich zwar gelobt, denn ich hatte blaue Farbe benutzt, aber es wurde mir auch gleich mitgeteilt, dass das Muster falsch sei. Tore hätten andere Muster.

Was auf den ersten Blick hilfreich, wunderbar gleichgeschaltet und daher gerecht erschien, wurde auf die Dauer langweilig und mein Herz schrie förmlich nach Abwechslung und neuen Farben.

Da mir weder das Tor noch die Fensterrahmen noch die Küchenwände zur kreativen Bearbeitung zur Verfügung standen, machte ich mich eines schönen Samstags an unsere Toilette im Büro. Der Boden wurde grün, die Wände knallgelb, die Wasserrohre rot.

Ich war begeistert und voller Stolz, bis am Montag meine mongolische Kollegin zur Toilette ging und sofort wieder in unser Büro stürzte. Was denn passiert sei? »Rot! In einer Toilette!«

Ich sagte nichts, strich aber auch nichts über. Und da es auch kein anderer tat, blieben die Rohre in der Toilette rot.

Jahre später kamen meine mongolische Kollegin und ich noch einmal darauf zu sprechen. Eine Toilette mit roten Rohren fände sie immer noch furchtbar und eine Zumutung. Aber sie kenne mich inzwischen und wisse, dass ich die Farben brauche. Daher ertrage sie es eben. Ich war tief beeindruckt. So etwas nenne ich gelebte Nächstenliebe.

# VON DER HAND IN DEN MUND

Das Sprichwort »Von der Hand in den Mund« kannte ich. Und ich kannte auch Witze darüber, zum Beispiel den, dass der Zahnarzt »von der Hand in den Mund« lebt. Es war für mich eine Redensart. Ich hatte keine Ahnung, welche Situation oder Geschichte dahintersteckt. Auch in dem Bereich lernte ich in der Mongolei viel.

So war ich eines Tages wieder einmal auf dem Markt. Da ich etwas Zeit hatte, beschloss ich, eine unserer Gemeindeältesten zu besuchen. Sie verkaufte Schuhe. Ihr Laden bestand aus einem Metallcontainer; die Schuhe, die sie verkaufte, kamen aus Rote-Kreuz-Säcken. Manche der Schuhe waren dekorativ auf rauen Holzbrettern ausgestellt.

Während wir uns unterhielten, kamen immer wieder Interessierte in den Container, schauten sich um, nahmen hier und da einen Schuh in die Hand, fragten nach dem Preis und verschwanden wieder.

Endlich, nach etwa einer Stunde, kaufte doch eine Person ein Paar Schuhe. Wenig später kam die Tochter der Gemeindeältesten vorbei. Nach kurzem Gespräch gab die Mutter ihr das gerade verdiente Geld und sagte: »Geh und kauf Fleisch für heute Abend zum Essen.«

Von der Hand in den Mund. Zum ersten Mal verstand ich die existenzielle Not, die hinter diesen Worten liegt. Hätte sie nicht dieses eine Paar Schuhe verkauft, hätte es am Abend kein Fleisch gegeben.

Ich mache seither keine Witze mehr mit diesem Sprichwort.

# DAS UNGESCHRIEBENE GESETZ DES FAHRERS

Während meiner Zeit in der Mongolei bin ich viele Stunden lang mit unterschiedlichsten Fahrern in Autos, Jeeps, Kleinbussen und auf Motorrädern durch die Steppe gefahren. Dabei ist mir ein ungeschriebenes Gesetz aufgefallen, das alle einhielten: »Fahre niemals auf dem Weg zurück, den du gekommen bist.«

Das klingt auf den ersten Blick gar nicht so gewichtig. Ist es aber – und umständlich und abenteuerlich obendrein, denn es heißt, dass man nie wendet, nicht umdreht, sondern immer neue Wege finden muss.

Hat jemand im Auto etwas vergessen: Pech! Das muss dann warten, bis man wieder dort hinkommt, und die anderen müssen solange aushelfen.

Einmal riss der Keilriemen unseres Autos keine fünf Kilometer außerhalb des Dorfes, das wir gerade verlassen hatten. Man konnte die Lichter noch sehen, denn wir waren wie üblich erst nach der Dämmerung in absoluter Dunkelheit gestartet. »Nun gut«, dachte ich, »kehren wir um und reparieren das Auto im Dorf.« Aber nein! So ging es nicht. Obwohl es keine Ersatzteile gab, war es offenbar nicht möglich, umzudrehen und auf demselben Weg ins Dorf zurückzukehren, sondern man begann nach Alternativlösungen zu suchen. Während die Männer sich über den Motorraum beugten, fingen die Frauen schon bald an, im Auto zu frieren.

Ich überlegte, zu Fuß zurück ins Dorf zu gehen, aber das war undenkbar. Die Gruppe verlassen, wie konnte man nur so individuell denken?!

So warteten wir also mit den Dorflichtern am Horizont stundenlang, bis die Männer eine Übergangslösung gefunden hatten und wir im Schleichtempo durch die Steppe fahren konnten, um dann – Stunden später – im nächsten Dorf mitten in der Nacht jemanden wach zu klopfen, der uns richtig helfen konnte.

Dieses »Nicht-auf-demselben-Weg-zurückfahr-Gesetz« ist auch äußert unpraktisch, wenn man sich verfahren hat und es nur eine Straße in eine bestimmte Richtung gibt. Denn um nun wieder zu dem Punkt zurückzukommen, an dem man vermutlich falsch abgebogen ist, muss man im weiten Bogen und im wahrsten Sinn des Wortes querfeldein fahren. Durch Gebüsch und Gras, über Stock und Stein, Hügel aufwärts und wieder hinunter, oft ohne Sicht auf das, was auf dem Boden liegt. Daher lässt einen so manches Geräusch bange auf den Fahrer schauen, mit der Befürchtung, dass jetzt vielleicht die Ölpfanne kaputt oder sonst etwas gebrochen ist.

Ich habe bis zum Schluss nicht herausgefunden, was der Grund dieses ungeschriebenen Gesetzes ist, aber ich bin froh, dass ich ihm nicht unterliege. Denn nein: Nicht jedem neuen Weg wohnt ein Zauber inne. Und sich einzugestehen, dass Umkehren vielleicht demütigend ist, aber einem selbst oder sogar allen dient, zeugt öfter, als man glaubt, von Weisheit.

# DIE ZU ENGEN STIEFEL

Ich war seit einem Jahr in der Mongolei, hatte alle Jahreszeiten einmal durchlebt und mich ein wenig an die mongolischen Modevorstellungen gewöhnt. So war es nicht verwunderlich, dass ich beschloss, mir nicht nur passende Stiefel zu kaufen, sondern sogar welche machen zu lassen. Meine mongolische Mitbewohnerin kannte nämlich eine gute Schusterei und hatte ihre Stiefel, die mir gut gefielen, dort machen lassen.

Gemeinsam gingen wir hin. Die Werkstatt war – wie so viele – in dem Keller eines Plattenbaus. Man trat ins dunkle Treppenhaus, wusste aus Erfahrung, wo die Treppe nach unten ging, bewegte sich vorsichtig eine Stufe nach der anderen abwärts, folgte dann den Stimmen und Geräuschen, bis irgendwann wieder ein Lichtstrahl das Dunkel durchbrach und man wusste, wo man hingehen musste. Die Werkstatt bestand aus zwei Tischen, zwei Nähmaschinen und Material, das in den Ecken und auf dem Boden lag. Die Näherinnen waren sichtlich erfreut über eine ausländische Kundin. Stiefel wolle ich? Kein Problem.

Sie nahmen Maße von Knöchel, Wade und Schienbein, mein Fußumriss wurde auf ein Stück Pappe gemalt und meine Schuhgröße 40 danebengeschrieben. Damit hatten sie alles, was sie brauchten, ich durfte gehen, die Stiefel wären – genau passend zum Herbst – in zwei Wochen fertig.

Ich war erfüllt von diesem Erlebnis und dem Gedanken, zum ersten Mal in meinem Leben passgenau und auf mich zugeschneiderte Schuhe zu bekommen. Welch ein Luxus!

Und so ging ich, noch relativ neu in der Mongolei, voller Vorfreude und Erwartungen zwei Wochen später wieder zu dem besagten Plattenbau, tastete mich die Treppe hinunter, folgte den Stimmen und dem Lichtstrahl und erfuhr in der Werkstatt, dass die Stiefel noch nicht fertig seien. Ich solle nächste Woche wiederkommen. Das tat ich und auch die Woche danach. Der Herbst war längst da und schon wieder fast vorbei, als ich nach sechs Wochen endlich meine Stiefel überreicht bekam. Schön sahen sie aus, das Warten hatte sich gelohnt und voller Freude stieg ich in den ersten hinein. Nur um sogleich zu bemerken, dass er nicht passte. Beide Stiefel waren eindeutig zu klein.

Welche Größe das denn sei? Größe 38 kam die Antwort. Größe 38? Ja, aber ich hätte Größe 40. Nein, keine Frau habe Schuhgröße 40, darum hätten sie die Stiefel in Schuhgröße 38 gemacht. Innerlich stand mir der Mund offen und äußerlich versuchte ich höflich darauf hinzuweisen, dass sie selbst auf das Pappstück »Schuhgröße 40« geschrieben hätten. Das Pappstück wurde aus einer der Ecken hervorgezogen und tatsächlich da stand es: 40.

Trotzdem blieben sie dabei: Keine Frau habe Schuhgröße 40. Ich weigerte mich, die Stiefel zu bezahlen. Sie wurden sauer. Ja, wem sie denn bitte diese Schuhe mit dem Wadenumfang verkaufen sollten. Ich sagte, sie hätten gewusst, dass ich Schuhgröße 40 hätte und in diese Stiefel käme ich ja nicht mal hinein. Entweder, sie machten mir neue oder ich würde zum letzten Mal in dieser Werkstatt stehen.

Sie machten mir neue, diesmal in Schuhgröße 40, sie passten wunderbar und taten mir viele Jahre gute Dienste. Sie hatten es sogar geschafft, die anderen Stiefel trotz des großen Wadenumfangs zu verkaufen – und ich hatte eine Lektion gelernt. Wann immer ich in den darauffolgenden Jahren beim Schneider Kleidungstücke in Auftrag gab, hatte ich zwar den Stoff selbst ausgewählt und meine Wünsche geäußert, aber wie das Kleidungstück am Ende aussah, musste ich den kollektiv geprägten und kommunistisch gleichgesinnten Vorstellungen der Hersteller überlassen. Wer war ich, einen Reißverschluss haben zu wollen, wenn jeder Knöpfe trug, einen Pullover zu bestellen, wenn man aus dem verwendeten Stoff Jacken machte, oder locker sitzende Kleidung zu wünschen, wenn man sie eng anliegend trug?

Individualismus ist ein hohes Gut. Aber er ist es nicht wert, sich deswegen mit einer ganzen Gesellschaft anzulegen.

# EIN BRAUTKLEID ÜBER NACHT

Eine unserer mongolischen Mitarbeiterinnen wollte heiraten. Sie und ihr Verlobter waren beide junge Christen und ihre Hochzeit würde die erste christliche Hochzeit in der Westmongolei sein.

So entstand natürlich die Frage, wie man eine mongolische christliche Hochzeit gestalten und feiern sollte. Vorbild waren vor allem amerikanische Filme. Das hieß: viel Dekoration, Brautjungfern, Hochzeitsmarsch und ein weißes Brautkleid.

Immer wieder hatten wir gefragt, ob wir bei den Vorbereitungen helfen könnten, ob noch etwas fehle und wie es vorangehe. Immer bekamen wir eine positive, strahlende Antwort, dass alles gut laufe und wir nicht helfen bräuchten.

Als wir am Abend vor der Hochzeit in der Jurte saßen, nahmen wir also an, dass alles vorbereitet sei, und freuten uns auf den folgenden Tag. Aber wir hatten wieder zu deutsch gedacht und übersehen, dass die Mongolen nicht weit im Voraus planen, sondern im Hier und Jetzt leben und denken. Diese Tatsache wurde überdeutlich, als kurz vor 22 Uhr die Braut mit einer Freundin in unsere Jurte trat und fragte, ob wir vielleicht ein weißes Kleid hätten, das sie sich als Braut für morgen ausleihen könnte.

Wir wussten vor lauter Staunen zuerst nichts zu sagen. In zwölf Stunden sollte die Hochzeit sein und es gab noch kein Brautkleid?! Leider konnten wir ihr nicht aushelfen. Ich hatte nicht nur kein weißes Kleid, ich hatte gar keines. Meiner Mitbewohnerin ging es ähnlich.

So zogen sie also wieder davon und wir blieben noch immer verdattert zurück. Uns fiel noch ein, für ein Kleid zu beten. Dann gingen wir ins Bett.

Als ich am nächsten Morgen im Gemeinderaum saß und wir alle auf die schon etwas verspätete Braut warteten, interessierte mich vor allem, in welchem Kleid sie auftauchen würde. Als sie dann kam, verschlug es mir den Atem. Ein weißes Brautkleid, wie man es nicht besser in einem Brautladen hätte finden können.

Später erfuhr ich, sie hätte es von einer Frau erhalten, die im Theater arbeitete, und noch in der Nacht umgenäht. Beziehungen und Improvisationsvermögen machten es möglich.

Die Hochzeit war sehr schön und sie bot mehr als nur Dekoration, Brautjungfern und dieses beeindruckende Brautkleid. Die Predigt erzählte von Gottes Idee für Mann und Frau und im Gottesdienst sagte die Gemeinde dem Ehepaar zu, ihnen in guten und schlechten Zeiten beizustehen, und gab ihnen Gottes Segen mit auf den Weg. Und das auf die Schnelle besorgte Brautkleid – es zeigte, dass ebendieser Gott auch für die äußerlichen Aspekte einer Hochzeit zu sorgen wusste.

# DAS REPARIERTE TOR

Der Herbststurm hatte mit aller Kraft gewütet und das Metalltor an unserem Grundstück war gebrochen. Jetzt hing es zerknickt in den Angeln. Es vergingen ein paar Tage und – da sich niemand anders des armen Tors anzunehmen schien – machte ich mich eines Samstags daran, es zu reparieren. Das Metall war auf ein Holzgerüst genagelt, diese Hölzer waren durch den Sturm zerbrochen und mussten irgendwie ersetzt werden. Ich hatte mir das Tor angeschaut, hatte den Zollstock aus meiner Werkzeugkiste geholt und bereits einen Plan.

Da Holz in einer fast völlig baumlosen Gegend Mangelware ist und man es nur selten oder sehr teuer auf dem Markt kaufen kann, bestand die größte Aufgabe darin, die alten und kaputten Bretter neu anzuordnen. Es musste also alles gut ausgemessen und das noch brauchbare Holz sortiert werden.

Da das Messen eines zerknickten Tores nicht ganz einfach ist und das Tor für die Reparatur sowieso aus den Angeln gehoben und auf den Boden gelegt werden musste, beschloss ich, diesen Arbeitsschritt zuerst anzugehen.

Ich klopfte an die Nachbarjurten. Erfreulicherweise war einer der Männer zu Hause, der mir auch gleich half, das Tor auf den Boden zu legen. Damit hörte seine Hilfe aber nicht auf. Einmal draußen, einmal neben dem Tor stehend, beschloss auch er, den Missstand zu beheben. Vielleicht traute er mir die Reparatur nicht zu. Was auch immer der Grund seiner plötzlichen Aktivität war, sie war erstaunlich und dabei vor allem erstaunlich ungeplant.

Ich wollte mit meinem Zollstock ausgerüstet nun beginnen, alles genau auszumessen, anschließend planvoll neu zu arrangieren, dann zu sägen und zu hämmern.

Aber von Planen und Vorausschauen war bei diesem mongolischen Mann nichts zu sehen. Er brach alle Hölzer vom Tor ab, nahm das erstbeste, das in der Nähe seiner Hand lag, nahm einige der gebrauchten Nägel, die ich vorher in mühsamer Kleinarbeit gerade gehämmert hatte, und befestigte das Metall an dem Holz. Dann kam das nächste Holzstück dran, eine der wenigen langen Holzlatten, die ich eigentlich für die Querverbindung eingeplant hatte. Ich wollte etwas sagen, aber schon war das Metall drangenagelt und mein Nachbar sägte den überstehenden Teil ab. Die schöne, lange Latte gab es nicht mehr.

So ging es weiter. Er arbeitete einfach von rechts nach links, hier und da musste doppelt und dreifach verstärkt werden, weil die Hölzer zu kurz waren, aber am Ende war das Tor repariert.

Ich war gar nicht einmal zum Zuge gekommen. Ich stand noch immer mit meinem Holzstock daneben. Ich hätte die Torreparatur völlig anders durchgeführt.

In den kommenden Wochen und Monaten wurde mir das Tor zu einem sichtbaren Beweis, dass es nicht um besser oder schlechter gehen muss. Es führte mir vor Augen, dass nicht nur mehrere Wege zum selben Ziel führen können, sondern dass sie letztlich auch gleich erfolgreich sein können.

# EIN NACHTMAHL AUS MELONEN

Ich saß wieder einmal in einem Jeep und war auf dem Weg in die nördliche Provinz. Da man glaubt, dass im Dämmerlicht die Geister aktiver sind, waren wir erst bei Dunkelheit losgefahren. Wenn alles gut gehen würde, wären wir am nächsten Morgen am Ziel.

Die ersten Stunden lagen bereits hinter uns. Die meisten der Autoinsassen dösten vor sich hin, als der Fahrer hart auf die Bremse trat. Im Lichtkegel seiner Scheinwerfer sahen wir einen anderen Jeep in einer Schlagrinne, also einem ausgewaschenes Schlagloch. Der Fahrer des anderen Autos war vermutlich zu schnell gefahren, hatte die Rinne zu spät erkannt und saß nun fest.

Entsprechend dem mongolischem Ehrenkodex hielten wir an und zogen den Jeep in der Dunkelheit aus dem Schlamm. Als Dankeschön wurden dem Fahrer zwei Melonen in die Arme gedrückt.

Das Ganze hatte etwa eine Dreiviertelstunde gedauert. Inzwischen war es zwei Uhr nachts und wir stiegen wieder ein, die großen Melonen auf dem Schoß. Da die Mongolen gerne teilen, im Hier und Jetzt leben und wir jetzt zwei Melonen hatten, lag es nahe, die Melonen sofort zu essen. Das Problem war: Keiner hatte ein Messer dabei.

»Dann eben keine Melonen«, dachte ich und lehnte mich zurück, um zu schlafen. Aber da täuschte ich mich, denn der Fahrer wollte die Melonen jetzt essen, nicht später. Also fuhr er im Zickzack und suchte mit den Scheinwerfern die Umgebung ab, bis tatsächlich eine Jurte erschien. Sie lag dunkel vor uns – kein Wunder nachts um halb drei.

Der Fahrer fuhr trotzdem hin, hielt an und stieg aus.

»Das kann er doch nicht machen! Mitten in der Nacht eine wildfremde Nomadenfamilie aufwecken und nach einem Messer fragen!«, dachte ich, doch genau das tat er und klopfte an die Tür. Mehrfach und laut. Erst sah man ein schwaches Licht am Jurtenkranz. Etwas später wurde die Tür aufgemacht.

Was dann geschah, zeigte mir wieder einmal, wie verschieden Deutsche und Mongolen sind. Kein Gezeter, keine Vorwürfe, kein Gefühl einer anmaßenden Frechheit. Im Gegenteil, die Nomadenfamilie freute sich, lud uns alle in die Jurte ein, kochte uns Milchtee, hatte natürlich ein Messer und teilte die beiden Melonen in viele Stücke. Dann wurde geredet, getrunken und gegessen. Irgendwann, als die Melonen aufgegessen waren, wollten wir wieder aufbrechen. Doch gab es noch eine Wartepause, denn wenn da schon ein Jeep auf dem Weg in die Nordprovinz vor der Jurte stand, musste das auch genutzt werden. So packte die älteste Tochter schnell ihr Bündel, stieg hinten im Jeep ein und setzte sich einem der Mitfahrer auf den Schoß.

Wenn ich in Deutschland jemanden höre, der sich über zu viel Lärm während der Mittagspause oder einen Anruf nach 22 Uhr beschwert, denke ich im Stillen: »Was würde wohl geschehen, wenn bei dir jemand nachts mit Melonen im Arm klingeln und um ein Messer bitten würde?«

# KREATIVE STROMVERSORGUNG

Je weiter man von der Hauptstadt Ulaanbaatar entfernt ist, desto weniger weit die Entwicklung der Orte und desto unsicherer die Stromversorgung.

In Ulaanbaatar hatten wir nur sehr selten Stromausfälle. In Hovd, 1 500 Kilometer von der Hauptstadt entfernt, waren sie so häufig, dass wir alles Wichtige ausdruckten, da man nicht davon ausgehen konnte, dass man auf Informationen im Computer zurückgreifen konnte. Kerzen gab es überall zu kaufen, wir hatten sie immer griffbereit und unsere

Streichhölzer hingen an einer Schnur am Jurtenpfosten, sodass man sie auch im Dunkeln finden konnte.

Außer den unvorhersehbaren Stromausfällen gab es auch noch die Strompause im Sommer. Der Strom in Hovd kam nämlich aus Russland. Da aber zu wenige Leute ihre Stromrechnungen zahlten und die Russen daher zu wenig Geld für ihren Strom erhielten, schalteten sie im Sommer den Strom kurzerhand ganz ab. So lange, bis jeder bezahlt hatte.

Daher hatte zwischenzeitlich die ganze Stadt keinen Strom. Man arbeitete weniger und schlief mehr. Der Sommer war eigentlich immer eine recht friedliche Zeit und hatte etwas von einer südländischen Siesta. Aber für manche Aktivitäten brauchte man eben doch Strom. Das Handy konnte man noch mit einem Handtransistor manuell kurbelnd aufladen, aber beim Laptop war das nicht möglich. Also schaute man sich nach Orten oder Menschen um, die Generatoren besaßen.

Das Krankenhaus hatte zwei, die aber vor allem im Operationssaal und auf der Intensivstation eingesetzt waren. Das Regierungsgebäude hatte tagsüber Strom. Da wir ein paar Leute dort kannten, durften wir hin und wieder für ein paar Stunden in einem leeren Raum arbeiten und gleichzeitig den Laptop-Akku aufladen. Auch die Post mit dem angrenzenden Internetcafé hatte einen Generator. Dort zu arbeiten war wegen der vielen Menschen und dem Lärmpegel jedoch schwierig. Doch einmal kam es vor, dass wir zur Post gingen, uns in die Ecke setzten und einen Film anschauten. Insgesamt war es kein so schlechtes Leben ohne Strom.

Aber da am Strom auch die Heizung hing, wurde das Bezahlen der offenen Rechnungen zum Gesprächsthema, je mehr der Sommer sich dem Ende zuneigte. Es wurden Maßnahmen zum Geldeintreiben ergriffen. Eine davon war, dass ein Jeep mit Lautsprecher durch die Wohngegend fuhr und die Namen derer aufrief, die noch nicht gezahlt hatten. Diese Methode funktioniert in einer Schamkultur hervorragend. Doch es gab auch immer Leute, die das Geld zum Bezahlen einfach nicht hatten, und oft war es dann doch die Regierung, die den fehlenden Betrag ergänzte, damit die Russen den Strom wieder einschalteten.

Das war die Situation in der Provinzhauptstadt. Die Dörfer hatten in meiner Anfangszeit in der Mongolei beinahe alle keinen Strom. Die meisten Dorfbewohner und Nomaden hatten eine Solarplatte auf ihrer Jurte. Damit konnte man die Autobatterie laden und eine

Glühbirne und sogar einen Schwarz-Weiß-Fernseher betreiben. Der große Dorfgenerator lieferte abends für etwa drei Stunden Strom und so manche Familie besaß tatsächlich zwei Fernseher, einen schwarz-weißen für tagsüber und einen Buntfernseher für die Stunden am Abend.

Auch wenn das Leben ohne Strom nicht so schlecht war, bringt Strom natürlich die Möglichkeit zum Fortschritt mit sich – und Fortschritt war erwünscht. So sahen wir im Laufe der Jahre, wie sich nach und nach Überlandkabel von Hovd zu den Dörfern erstreckten. Das Dorf, das als letztes Strom bekam, befand sich mitten im Altaigebirge auf über 2 000 Höhenmeter. Der Zugang zu diesem Dorf führte durch eine Schlucht, deren Fluss jede Fahrt zu einem Wagnis machte, im Frühling wegen Hochwasser, im Winter wegen Eis.

Durch diese Schlucht mussten jetzt Stromkabel gelegt werden. Es waren Pfosten geplant, die zur Befestigung der Kabel in regelmäßigem Abstand stehen sollten und deren Errichtung auf die Bürger des Ortes verteilt wurde. Nun bestand die Aufgabe, tiefe Löcher in den Boden zu graben und die Holzpfosten aufzustellen. Man konnte es selbst tun oder Leute dafür anstellen. Über Wochen verfolgten wir, wie durch die Schlucht und über den 3 000 Meter hohen Pass Pfosten für Pfosten vorangetrieben wurde. Irgendwann standen alle Pfosten und das Stromkabel kam. Es wurde manuell stramm gezogen und mehrere Männer waren nötig, die sich wie beim Seilziehen ans Kabel hängten, um die nötige Spannung zu bewirken. Dann wurde das dicke Stromkabel von einem Mann, der oben auf dem Pfosten hing, manuell befestigt.

Es war aufregend und ich kam mir vor wie in den Büchern meiner Kindheit, wie in einer Geschichte aus lang vergessenen Zeiten. Nur war dies keine Geschichte aus der Vergangenheit, sondern ich sah es mit meinen eigenen Augen und ich war dabei, als der Strom in die Dörfer kam.

# SO KOSTBAR WIE FETT

Was dem Mittelalter das Spanferkel war und traditionell dem Deutschen die Weihnachtsgans, das ist den Mongolen Schafsrücken mit Fettschwanz. Es gibt sogar einen eigenen großen Topf, in den ein komplettes Schaf hineinpasst und gekocht wird. Der Schafsrücken mit Fettschwanz thront bei Feierlichkeiten auf dem Tisch, von Gebäck und Süßigkeiten umgeben. Das Fleisch ist beliebt und wird zum Essen in Scheiben geschnitten, aber der wirkliche Höhepunkt des Festessens ist der Fettschwanz. Auch von ihm werden Scheiben abgeschnitten und mit Freuden verzehrt.

Fett hat in der Mongolei eine ganz andere Bedeutung als im Westen. In der Mongolei ist Fett der Inbegriff von etwas Wertvollem und Gutem. Je mehr Fettaugen auf der Suppe, umso besser die Mahlzeit. Je größer das Fettstück, das man gereicht bekommt, umso größer die Ehre, die einem als Gast zugemessen wird.

Ich muss zugeben, in einem so kalten Land wie der Mongolei ist Fett einfach ein Energiespender. Wenn man aus der eisigen Kälte in eine warme Jurte tritt, der Dampf des Essens auf dem Herd die Sicht vernebelt, man sich hinsetzt, die Handschuhe auszieht und eine Schale heiße Suppe bekommt, macht einen das glücklich. Doch wenn man dann vorsichtig schlürft, damit man sich an dem heißen Fett nicht die Zunge verbrennt, und nach den ersten Löffeln merkt, wie dieses seine Wirkung tut und einem innerlich warm wird, beginnt die Wertschätzung dem Fett gegenüber zu wachsen.

Meine nahm in den Jahren sogar so zu, dass ich bei einem Besuch in Deutschland den Fettrand meines Fleischstücks nicht nur mitaß, sondern mich sehr zusammenreißen musste, um die abgeschnittenen Fettränder auf den Tellern meiner Gastgeber nicht auch noch zu essen. Es fiel mir schwer, sie in die Küche und damit in den Mülleimer wandern zu lassen.

Ab und zu habe ich in der Mongolei gesehen, wie kleine Babys als Schnullerersatz ein Stück Fett im Mund hatten, an dem sie fröhlich lutschten und nuckelten. Kein Wunder also, dass die Mongolen das Fett lieben und dass sie das 3. Kapitel im 3. Buch Mose emotional viel stärker so erleben, wie es der Text ursprünglich will. In dem kurzen Kapitel wird das Wort Fett dreizehnmal erwähnt und am Ende steht die Aussage: »Alles Fett ist für den Herrn« (3. Mose 3,16).

Liest ein Mongole diesen Text, tut ihm das Herz weh. Das Fett geben heißt für ihn: Das Beste vom Besten geben. Gott gehört nicht das, was wir nicht wollen, sondern wenn wir ihm danken wollen, geben wir ihm das, was für uns das Allerbeste ist. Dieses Prinzip gilt auch heute.

# TIERE

# DAS ZUTRAULICHE YAK-KÄLBCHEN

Yaks sind weder zutrauliche noch friedliche Tiere. Vor allem wenn sie Kälber haben, sollte man einen weiten Bogen um sie machen. Das wusste ich allerdings im ersten Jahr meines Mongoleiaufenthaltes noch nicht. So waren Yaks in dieser Zeit für mich vor allem faszinierende, exotisch aussehende Kühe.

Bei einem Ausflug meiner Sprachschule kam ich in die Nähe einer Yak-Herde. Wir hatten Ulaanbaatar hinter uns gelassen und hielten in einem der vielen Täler mit Hügeln, ein paar Jurten und vielen Tieren an. Ich war froh, auf dem Land zu sein, aber bevor ich mich umschauen und umhergehen konnte, stand ein Picknick auf dem Programm.

Keine Aussicht, die das Herz einer ledigen Frau höherschlagen lässt! Denn das Fünfte-Rad-am-Wagen-Gefühl lässt sich nur unschwer leugnen, wenn um einen herum Decken für

Kleinkinder ausgebreitet werden, Männer schwere Körbe mit Essen aus dem Auto hieven, Mütter rennenden Kindern hinterherlaufen, die Frauengespräche sich um Windeln, Homeschooling und passende Kinderbücher drehen und die Männergespräche um Stoßdämpfer, Metalltüren und Jagderfahrungen. Als Single steht man mit einem kleinen Rucksack auf der Schulter und einem Pausenbrot in der Hand dazwischen. Selbst wenn jemand einen freundlich auf die Picknickdecke klopfend einlädt dazuzustoßen, bleibt man doch allein.

Nachdem ich den Anstand ausreichend erfüllt hatte, stand ich auf und teilte der fröhlichen Großfamilienrunde mit, dass ich etwas spazieren gehen würde. Wenn man schon mal auf dem Land sei …

Ich entfernte mich, die Picknickdeckenszene verschwand im Hintergrund und vor mir entdeckte ich eine Yak-Herde. Ich schritt mitten in die Herde und war begeistert, dies echt zu erleben und nicht nur in einer Dokumentation zu sehen. Ich staunte und setzte mich, um den Erlebniswert noch zu steigern, im Schneidersitz mitten in der Herde auf den Boden.

Dann passierte das Unglaubliche. Ein Yak-Kalb kam auf mich zu und legte sich in meinen Schoß. Da lag es warm und etwas stinkend auf meinen Beinen, mit ziemlich verklebtem Fell und einigen Zecken, aber so ganz da, bei mir, lebendig, schnaufend und gemütlich. Mein kleines, einsames Herz füllte sich mit Wärme. Lange saß ich da und streichelte das Fell des Yak-Kälbchens.

Irgendwann stand es auf. Und irgendwann stand auch ich wieder auf und ging zurück.

Meine besorgte Sprachschuldirektorin hatte die ganze Szene von einem Hügel aus beobachtet. Ob ich verrückt sei, fragte sie mich. Ob ich überhaupt wisse, in welche Gefahr ich mich da begeben hätte? Sie habe schon ihren Mann zu meiner Rettung losschicken wollen, als sie sah, dass ich mitten in eine Yak-Herde lief. Yaks mit Kälbern seien hochaggressive und gefährliche Tiere! Es sei ein Wunder, dass ich heil wieder zurückgekommen sei!

Sie hatte in allem recht. In den folgenden Jahren habe ich so manche aggressive Yak-Kuh mit Kälbchen erlebt und sie wohlweislich gemieden. Aber für diesen Tag, für diesen Moment, für dieses so greifbare Gefühl der Einsamkeit war meine Unkenntnis bezüglich Yaks ein Segen. Bis heute hat dieses kostbare Erlebnis, Gottes wundersames Ausschalten der normal gültigen Naturgesetze, seinen Trost für mich nicht verloren.

# DAS SEUFZENDE KAMEL

Es war mein zweiter Ritt auf einem Kamel. Ein Mitstudent der Sprachschule und ich waren zum »Kulturerleben« bei einer Nomadenfamilie zu Gast. Die Familie hatte Kamele, Schafe und Ziegen. Am dritten Tag ritten wir mit einem der Söhne auf Kamelen zu der Herde, um sie zu hüten. Das Hüten bestand daraus, auf dem Boden zu sitzen und zu reden beziehungsweise zu versuchen, sich verständlich zu machen. Nach einigen Stunden meinte der Sohn, er müsse jetzt mit der Herde weiter, wir sollten alleine zurückreiten.

Wir staunten nicht schlecht, denn wir waren eine ganze Strecke von der Heimjurte entfernt und die mussten wir ja wiederfinden. Aber er schien uns das zuzutrauen. Es blieb uns also nichts anderes übrig.

Wir ritten los und schon nach wenigen Minuten wurde meinem Begleiter schlecht. Wir hielten an und er erbrach sich in den mongolischen Staub. Er sei seekrank, meinte er, auf das Kamel werde er nicht mehr steigen. Ich solle seines am Zügel nehmen und alleine die Jurte finden. Er werde zu Fuß nachkommen.

Ich nickte stumm und ritt los. Ich befand mich irgendwo zwischen staubigen Hügeln und war nicht nur ein absoluter Kamel-Reit-Einsteiger, sondern hatte auch nur eine vage Ahnung, in welcher Richtung die Jurte lag, und außerdem noch ein zweites Kamel im Schlepptau.

So skurril die Situation war, irgendwie war sie auch fantastisch. Wie in einem Roman, wild, abenteuerlich, frei und heroisch. Es war ein grandioses Gefühl – bis mein Kamel anfing zu stöhnen. Es stöhnte und seufzte in kläglichsten Tönen und ohne Unterlass. Alle ein, zwei Minuten drang ein zu Herzen gehender Ton aus dem Kamel und ich fühlte mich schwer und schuldig. Wog ich etwa zu viel?

Aber Kamele sind ja Lastentiere! Ich veränderte meinen Sitz, falls es daran liegen sollte. Das Kamel stöhnte weiter und weiter. Irgendwann musste ich lachen und dachte, dass dieses Stöhnen eine wunderbare Hintergrundkulisse für ein Theaterstück von Brecht wäre. Es würde jegliches Identifizieren mit einer Rolle oder dem Stück verhindern.

Als ich die Jurte unserer Nomadenfamilie endlich fand, war ich traurig, dass der abenteuerliche Ritt zu Ende war, zugleich aber auch froh, dieses seufzende Kamel in andere Hände zu übergeben.

Später lernte ich, dass es tatsächlich Kamele gibt, die immerfort seufzen und stöhnen und dass die mongolische Sprache sogar einen eigenen Namen für solche Kamele hat. Den Namen habe ich wieder vergessen. Aber wann immer ich mir mal so richtig leidtue, denke ich, es wäre gar nicht so schlecht, einfach wie dieses Kamel ohne Unterbrechung zu stöhnen und die Welt wissen zu lassen, dass hier jemand leidet.

# DIE ZÄHEN SPATZEN

Mit einer Jahresdurchschnittstemperatur von minus 4 Grad ist Ulaanbaatar die kälteste Hauptstadt der Welt. Dieses kalte Klima spiegelt sich auch in der Tierwelt wider. Alles, was klein ist, findet man kaum oder gar nicht in der Mongolei. Insekten gibt es nur im Sommer, Kakerlaken und Mäuse nur in Behausungen, Hühner nur in tiefen Löchern unter der Erde, die künstlich beleuchtet werden, und Lämmer und Welpen nur im Frühling.

Alle Tiere sind Wild- oder Nutztiere und leben draußen. Daher ist ein Kennzeichen der mongolischen Tierwelt die Körpergröße: Kamel, Pferd, Yak, Ziege, Schaf, Adler, Geier, Murmeltier, Wolf, Luchs, Schneeleopard, Berggämsen, Bär, Fuchs und Hund. Wobei alle Hunde in der Mongolei große Hunde sind; Dackel und Pinscher gibt es dort keine. Fast alle Tiere dort sind große, zähe Tiere. Ich habe Kamele im Schnee gesehen; Schafe und Ziegen, die versuchen unter dem Schnee Futter zu finden; Hunde, die morgens vom Schnee bedeckt aufwachten. Kurzum: Um in der Mongolei zu überleben, braucht es ein dickes Fell. Und es ist kein Zufall, dass die Mongolei den weltbesten Kaschmir produziert. Bei der Kälte!

Eine Ausnahme habe ich allerdings beobachtet: die Spatzen. Entgegen aller Logik und aller Kälte zum Trotz gibt es in der Mongolei das ganze Jahr über Spatzen. Sie sind genauso zierlich wie die in Europa und haben auch kein arktisches Federkleid. Ihre Überlebensstrategie ist, sich aufzublähen, um ihr Volumen zu vergrößern. So sieht man im Winter Kugelfischen ähnelnde Spatzen unter Mühen versuchen, im vereisten Abfall oder sogar in Erbrochenem Nahrung zu erpicken.

Es gibt wenige Bilder, die ich so sehr mit dem Wort »trotzdem« in Verbindung bringe wie diese in der Mongolei lebenden Spatzen. Sie leben allem zum Trotz. Und das Schöne ist, dass ich in all den Jahren keinen einzigen erfrorenen Spatz gesehen habe! Das ganze Jahr über – im Sommer und im Winter – gehören sie treu zum Stadtbild.

# DIE KATZE

Hunde hängen an Menschen, Katzen an Orten. Daher sind Katzen eigentlich keine geeigneten Haustiere für Nomaden. Und in der mausarmen Mongolei noch weniger, weil Katzen somit nicht mal einen Nutzen haben.

Es gibt noch einen anderen Grund, warum zumindest die in Jurten lebenden Mongolen und Katzen nicht zusammenpassen. Wie bei uns sitzen die Katzen in der Mongolei gerne am Fenster. Nur ist das Fenster bei einer Jurte oben im Dachkranz. Nun finden es Mongolen aber ganz furchtbar, wenn Katzen von oben auf sie herabschauen. Katzen seien unheimlich und arrogant, sagen sie. Es sei besser, sie zu meiden.

Von daher sieht man nicht viele Katzen in der Mongolei und die wenigen, die es gibt, werden von Jurte zu Jurte gejagt. Sie haben keinen Platz, wo sie sich ausruhen oder aufwärmen können, außer vielleicht auf einer Jurte von Ausländern wie uns.

Wir jagten die Katzen nämlich nicht weg. Und im Gegensatz zu den Mongolen fand ich es äußerst gemütlich, wenn die einzige Katze der Umgebung – eine wilde versteht sich – auf unserem Dachkranzfenster saß und sich wegen der Kälte ans warme Ofenrohr presste. Ich fand es häuslich und heimelig, wenn die Katze sich so eng ans Rohr schmiegte, dass ihr Schwanz oder eine Pfote in die Jurte hing.

Es gab sogar Momente, da dachte ich: »Die Katze mag und kennt mich!«, denn wann immer ich nach Hause kam oder mich innerhalb der Jurte zur Tür bewegte, sprang die Katze auf, löste sich von dem warmen Ofenrohr, lief in einem gewaltigen Tempo das Jurtendach runter und kam auf mich zu.

Dann gab es Streicheleinheiten und ich roch das verbrannte Haar der Katze. Ich fühlte mich geschmeichelt, doch dann kam ich zu der Erkenntnis: »Die Katze will nur in die Jurte!«

Ihr Wunsch und ihre Dreistigkeit, in die Jurte zu gelangen, führte sogar so weit, dass wir Bewohner entweder ganz schnell die Tür zuschlagen mussten oder uns drinnen nur von der Seite her der Tür näherten.

Die Mongolen hatten schon recht. Die Katze ist ein stolzes Tier und an uns Menschen nicht sonderlich interessiert. Unsere Katze war allein wegen der Wärme auf unserer Jurte. Sobald der Frühling kam, verschwand sie.

# DER GESCHUNDENE ESEL

Lebt man in einem Plattenbau, dann gibt es in der Regel jemanden, der für den Müll verantwortlich ist und dafür bezahlt wird. Lebt man in einer Jurte, gibt es gar keine Müllabfuhr, sondern nur eine Ascheabfuhr. Denn in einer Jurte heizt man ja selbst und so wird dort der Müll, der entsteht, einfach direkt auf dem sowieso schon vorhandenen Aschehaufen verbrannt.

Unter Ascheabfuhr kann man sich einen Mann vorstellen, der mit zwei oder drei von Eseln gezogenen Karren herumzieht. Ist der eigene Aschehaufen bereits so hoch, dass man nicht mehr viel draufkippen kann, fängt man an, nach diesem Mann oder seinen Eseln

Ausschau zu halten. Sobald man sie sieht, ruft man sie zu sich. Der Mann schaufelt dann die Asche auf den Karren, der Esel wartet geduldig und zieht die Asche dann weg.

Ab und zu waren die Esel anscheinend ohne Arbeit, denn es geschah manchmal, dass man die Esel ohne Karren frei durch die Straßen laufen sah. Vor unserem Jurtengelände war ein großer Platz und immer wieder sah man vereinzelte Esel dort laufen und stehen.

An einem Tag sah ich, wie vier kleine Jungen einem der karrenlosen Esel hinterherliefen und ihn mit Steinen bewarfen. Wenn Esel sich bedroht fühlen, bleiben sie stehen und so ist es nicht verwunderlich, dass der Esel stocksteif stehen blieb und damit ein noch leichteres Ziel für die Steine darstellte.

Die Steine kamen und hörten nicht auf, im Gegenteil, die Jungen trauten sich stets näher heran und warfen immer fester.

Irgendwann reichte es mir. Schön und gut, dass die Mongolen ihre Haustiere nicht verhätscheln, aber dies ging zu weit. Ich stürmte aus unserem Gelände auf die Jungen zu und stellte mich beschützend neben den Esel. Ich kraulte ihn zwischen den Ohren und versuchte den Jungen auf Mongolisch zu erklären, dass Tiere auch Lebewesen sind, Schmerzen empfinden und mit Respekt behandelt werden sollten. Ich bezweifle, dass sie es verstanden. Aber ob nun wegen meiner beeindruckenden Theorie oder einfach meines Alters und Ausländerstatus, die Jungen verschwanden nichtsdestotrotz.

Kurz darauf trabte auch der Esel weg und ließ meine Hand, die ihn vorher zwischen den Ohren gekrault hatte, einfach in der Luft hängen. Immerhin, seine Angststarre hatte sich gelöst und ich konnte mich als Retterin fühlen.

Bis mir plötzlich eine geistliche Parallele auffiel. Sie war vielleicht weit hergeholt, aber sie sprach mich trotzdem an: Da karrt der Esel tagein, tagaus unseren Müll weg und wird zum Dank mit Steinen beworfen. Auch Jesus kam in diese Welt, um all unsere Schlechtigkeit, Verdorbenheit und Gottlosigkeit zu entsorgen, und erhielt dafür Schläge, Verachtung und das Kreuz.

Jesus ist kein Esel, aber der Esel wurde für mich ein kleines Symbol für Jesu Demut und Dienst.

# UNSER WACHHUND SIMBA

Die Grundstücke in den Jurtengebieten sind normalerweise von Holz- oder Steinmauern umgeben und haben einen Wachhund. Die Wachhunde sind gefährlich und berechtigterweise gefürchtet. So geht man nie einfach auf ein Grundstück, sondern klopft an die Metalltür oder ruft, was allerdings meistens nicht gehört wird, weil der Hund zu laut bellt. Nachts werden die Hunde oft von der Kette gelassen und es ist sinnvoll, in der Mitte der Straße zu gehen, um so weit entfernt wie möglich von den Grundstücken und deren Hunden zu sein.

Auch wir hatten einen Wachhund. Er hieß Simba. Als ich einzog, musste ich seine Sympathie erst nach und nach gewinnen.

Simba hasste Kühe. Das Einzige, was er noch mehr hasste und was ihn noch mehr zum Bellen brachte und an der Kette zerren ließ, waren betrunkene Männer. Unser Simba war bei den Nachbarn als gefährlicher Hund verschrien und oft baten uns Leute, die etwas von uns wollten, doch vor unser Grundstück zu kommen, damit sie es nicht betreten mussten.

Ich liebte Simba. Nachdem wir uns aneinander gewöhnt hatten und er mich als Teil des zu bewachenden Grundstückes und dessen Bewohner akzeptiert hatte, kamen wir gut miteinander aus. Wenn ich kam oder ging, stand er schon da, um eine ordentliche Streicheleinheit zu erhalten. Das war für uns beide schön, denn Hunde sind in der Mongolei Nutz- und keine Haustiere und werden dementsprechend nicht oft gekost.

Wenn Simba nachts frei herumlief, war er trotzdem irgendwie immer in der Nähe. Im Winter war es oft noch dunkel, wenn ich zur Universität ging, um dort zu unterrichten. Meist dauerte es dann nicht lange und Simba war an meiner Seite. So manchen Morgen begleitete er mich bis zum Tor der Universität.

Ein Hund, der angekettet oder auch in Freiheit seine Beschützeraufgabe erfüllt, ist kostbar, vor allem wenn es keine Straßenlampen gibt. Besonders ein Abend bewies mir, wie wichtig Simba war. Es war richtig dunkel, ohne Straßenlaternen und ohne Mond. Nur hier und da leuchtete der Schein aus Fenstern, der nicht weit reichte.

Ich saß in der Jurte und Simba bellte. Bei Mondschein kommt es oft vor, dass die Hunde den Mond anheulen. Erst einer, dann fällt der zweite ein und so geht es weiter. Manchmal war ich schon der Verzweiflung nahe und lief, erfüllt von dem Wunsch zu schlafen, zu Simba und bat ihn schimpfend, doch leise zu sein.

Das tat ich auch in dieser Nacht. Ich war zwar noch nicht im Bett und Simba heulte nicht, aber sein Bellen ging mir auf die Nerven. Ich ging vor die Tür und sofort war er bei mir. Ich sprach mit ihm, aber er hörte sicher nichts, denn er bellte und bellte.

»Was ist denn los?«, fragte ich. »Es ist doch alles in bester Ordnung. Du kannst jetzt wirklich aufhören zu bellen!« In dem Moment fuhr ein Auto vorbei und seine Scheinwerfer streiften unsere Hintermauer. Für einige wenige Augenblicke sah ich, dass da ein Mann auf der Mauer hockte. Ein Schatten schwarzer Kleidung, ohne Licht völlig unsichtbar, auf unserer Mauer, wo er nicht hingehörte.

Ich rief laut und jagte den Mann fort. Als ich hörte, wie er auf der anderen Seite von der Mauer sprang und davonlief, verstummte Simba. Mein Herz schwoll an vor Dankbarkeit. Welch ein Segen ist so ein Wachhund, der auch im Dunkeln wahrnimmt, wenn etwas nicht stimmt! Und der sich nicht durch naive Worte beruhigen lässt! Ob unser Simba nun ein Held war oder nicht, Fakt ist, dass nie bei uns eingebrochen und wir nie von ungebetenen Menschen belästigt wurden.

# DIE MOTTENPLAGE

Es fing mit einer Motte an. Sie war recht groß, weiß, haarig und eigentlich ganz possierlich und nett anzusehen. Aber es blieb nicht bei einer. Auf einmal fand man in allen Räumen Motten. Sie saßen an den Wänden, auf Stuhlbezügen, in der Kleidung, an Vorhängen.

Da Sommer war, reagierten wir, indem wir Fliegennetze an die Fenster nagelten. Wir wollten schließlich wenigstens nachts kühle Luft in die Wohnung bekommen. Doch die Netze halfen nicht wirklich, die Anzahl der Motten nahm stetig zu.

Wenn man an den wenigen Straßenlaternen, die Ulaanbaatar zu bieten hatte, vorbeiging, musste man ausweichen, um nicht auf tote Motten zu treten. Das Licht hatte sie angezogen, nun war der graue Boden von ihnen weiß bedeckt.

Hatte man am Anfang noch Mitleid mit ihnen, wuchs mit ihrer zunehmenden Anzahl die Verärgerung und dann der Ekel. Wo man sich auch befand, es gab Motten oder ihre abgelegten Eier. Wenn man morgens aufwachte, fand man unter der Decke und auf dem Kopfkissen die Motten, die man nachts erdrückt hatte. Lag eine tote Motte auf dem Boden, wusste man, dass sich irgendwo oberhalb ein Nest abgelegter Eier befand. Man suchte, wurde fündig und entsorgte das Nest.

Wo man auch hinkam, wurde über die Motten gesprochen. Man fing an, alle Fenster und Türen zu schließen, aber dann wurde es unerträglich heiß. Eine Kollegin, die zur Abkühlung auf den Balkon gegangen war, kam nach nur wenigen Minuten wieder ins Zimmer gestürmt. »Zu viele Motten«, stieß sie hervor und entfernte einige, die sich in ihrem Haar verfangen hatten. Also schlossen wir die Tür wieder und sahen die zahlreichen weißen Falter vor dem Fenster schwirren.

Die Plage dauerte eine Woche. Dann waren die Motten plötzlich wieder weg. Ihre Nester fand man noch lange danach in den verborgensten Ecken, doch zum Glück blieb eine geschlüpfte Motteninvasion aus.

Seit diesen Tagen reagiere ich leicht panisch auf Motten, suche bei toten Motten alles, was oberhalb ist, nach Eiern ab und habe gelernt, dass das, was am Anfang noch niedlich erscheint, schnell zum Albtraum werden kann, wenn nur die Anzahl zunimmt.

AUSLÄNDER

# DIE ENERGIEGELADENE JAPANERIN

Sie war mit Anfang sechzig in die Mongolei gekommen, hatte sich zwei Jahre lang mit dem Sprachelernen abgemüht und verlegte sich dann auf das Unterrichten der japanischen Sprache und das Bekanntmachen der japanischen Kultur. Ihre Kimonos waren überaus beliebt und wurden gerne ausgeliehen oder bestaunt. Sie gehörte zu unserem Team, aber da sie in der Hauptstadt lebte und ich auf dem Land, trafen wir uns lediglich auf den jährlichen Konferenzen.

Doch eines Tages beschloss sie, uns im Westen auf dem Land zu besuchen. Ein Grund war, dass alle meine ausländischen Teamkollegen gerade im Heimataufenthalt waren und ich aktuell die einzige Nichtmongolin auf dem Land war.

Sie kam für eine Woche und war sogar bereit, meine mongolische Mitarbeiterin und mich in zwei Dörfer zu begleiten, in deren Schulen wir Gesundheitsunterricht geben wollten.

Sie kam, war ein Segen und wurde uns ein Vorbild. Denn meine mongolische Mitarbeiterin und ich waren durch und durch müde und ausgelaugt. Sie dagegen sprühte nur so vor Energie und das, obwohl sie sage und schreibe fast doppelt so alt war wie wir.

In den Schulen brachte sie den Schülern japanische Bewegungslieder bei, die sicher länger im Gedächtnis blieben als unser Gesundheitsunterricht. In den Familien, bei denen wir übernachteten, machte sie zwar unzählige kulturelle Fehler, aber sie spielte mit den Kindern und es wurde viel gelacht.

In unserem Provinzzentrum kochte sie für uns und unsere wöchentlichen Teamtreffen verwandelte sie kurzerhand in einen Abend, an dem wir mehrstimmig alte Hymnen sangen und danach mit erfüllten Herzen ins Bett gingen. Vergessen waren all die wichtigen Entscheidungen, die wir eigentlich für die Arbeit hätten fällen müssen. Manchmal braucht man ältere, weise Freunde, die einem die wahren Prioritäten zeigen.

# DER ENGLISCHE JURTENBAUER

Er stand verloren vor dem Markteingang in Hovd und war offensichtlich nervös und verzweifelt. Als er meine Kollegin und mich sah, rannte er förmlich auf uns zu und fragte flehend, ob wir Englisch sprächen. Als wir bejahten, fing er fast an zu weinen.

Er sei ein Jurtenbauer aus England und sei in die Mongolei gekommen, weil er vor Ort sehen wollte, wie Jurten hergestellt würden. Um es gleich ganz richtig zu machen, sei er, statt in der Hauptstadt zu bleiben, in den am wenigsten entwickelten Westen gekommen.

»Learning from the roots« nannte er es. Dies war ein schöner Plan, nur hatte er nicht eingerechnet, dass im wenig entwickelten Westen kaum jemand Englisch sprach und schon das Wort Jurte nicht verstanden wurde, weil es im Mongolischen *Ger* heißt.

So war er heute angekommen und von seinem Hotel irgendwie bis zum Markt *weitergeleitet* worden. So schlecht war das freilich nicht, denn hier verkauften die mongolischen Jurtenbauer tatsächlich ihre Jurtenteile. Nur hatte der junge Engländer kein mongolisches Geld dabei und wusste noch nicht einmal, wie er in den Markt hineinkommen sollte. So bezahlten wir seinen Eintritt, führten ihn zu der Jurtenabteilung, wo er hochinteressiert die Dachstangen, zusammenschiebbaren Wände und stabilen Türen betrachtete. Zuletzt luden wir ihn zu uns in die Jurte ein. Denn so ein Besuch war schließlich auch für uns eine nette Abwechslung.

Er kam freudig mit, trat in die Jurte, ohne sich wie die meisten Ausländer den Kopf an der Tür zu stoßen, und blieb dann mit offenen Mund stehen. Sein Blick fiel auf unsere Küchenecke, unsere Betten, die Kisten mit unseren Kleidern, das Waschbecken, die Wasserkannen und den Ofen. »Wahnsinn, ihr lebt ja richtig in dieser Jurte!«, rief er staunend aus.

»Ja, natürlich«, antworteten wir. Was er denn gedacht habe?

Es stellte sich heraus, dass er tatsächlich noch nie eine Jurte betreten hatte, die bewohnt wurde. Die Jurten, die er in England herstellte, waren vor allem für geistliche Zusammenkünfte gedacht, deren Teilnehmer im Kreis zusammensaßen, die ursprüngliche Energie spürten und in Harmonie mit sich und ihrer Umwelt kamen. Jurten seien in Europa »voll in«, meinte er und zeigte uns Fotos seiner Jurten. Wir konnten uns ein Lachen nicht verkneifen. Ja, diese Jurten waren rund, hatten Holzwände und Dachstangen, auch einen Dachkranz und ab und zu eine Tür, aber das Wandgestell war nur mit dünnem Baumwollstoff überzogen, sodass man von außen die Silhouetten der Dinge innen sehen konnte. Im Dachkranz waren keine Fenster und zumeist fehlten der Ofen und das Ofenrohr. In so einer Jurte würde man nicht einmal den Herbst überleben, geschweige denn einen mongolischen Winter.

Daraufhin gingen wir mit ihm durch unsere Jurte, zeigten und erklärten sie ihm. Die Filzwände, die Fenster, den äußeren Sandwall gegen Kälte von unten und den Gebrauch aller Seile. »An diese Seile hängt man bei Sturm schwere Utensilien wie Steine, Kohleeimer oder Automotoren, damit der Wind die Jurte nicht wegfegt«, teilten wir ihm mit und er blieb stehen.

»Wahnsinn«, sagte er wieder, »natürlich, jetzt verstehe ich.«

Und dann erzählte er uns, wie er im vorigen Jahr eine Jurte an eine reiche Frau in Cornwall verkauft hatte, die seine Jurte voller Freude in ihrem Garten nahe der Klippen aufgebaut hatte. Ihre Freude währte nur kurz. Schon am nächsten Tag hatte der Wind die Jurte weit ins Meer getragen, wo sie versank.

»Ich hätte sie beschweren müssen!«, murmelte er immer wieder, offensichtlich begeistert, eine wichtige Lektion gelernt zu haben. Er verabschiedete sich voller Dank und zog seines Weges.

# DER HILFLOSE OLDTIMERBESITZER

Einige Jugendliche unserer Gemeinde und ich standen in der staubigen Steppe. Im Rücken hatten wir ein flaches Gebäude, die Autoraststätte an dem Hauptweg zu den umliegenden Dörfern und der Hauptstadt. Dort hatten wir gerade gegessen und wollten nun weiter nach Hause. Jetzt warteten wir nur noch auf unseren Fahrer. Während wir so warteten, ließen wir unsere Blicke über das trockene Land schweifen. Es war Sommer und es war warm. Da sahen wir weit entfernt eine Staubwolke.

»Kein Lastwagen, dafür ist sie zu klein«, kommentierte einer der Jugendlichen.

Wir anderen nickten stumm und beobachteten weiterhin die näher kommende Wolke. Sie war anders als das, was wir kannten. Für einen Kleinbus war sie zu niedrig, für einen Jeep zu langsam. Für ein Pferd deutlich zu schnell und zu groß. Wir konnten sie nicht einordnen und wurden immer gespannter auf das, was sich uns da näherte, vor allem, weil in einigem Abstand weitere dieser Staubwolken zu sehen waren. Nie im Traum wären wir darauf gekommen, um was es sich handelte. Es waren Oldtimer.

Es war wie im Film. Autos, die man sonst nur in Museen sieht, gesteuert von Männern mit Lederkappen und taucherähnlichen Brillen ratterten und knatterten Staub aufwirbelnd an uns vorbei. Wir wussten gar nicht, was wir da sahen, und schon kam ein nächstes Modell und noch eins. Meine Jugendlichen, die ja nur russische Motorräder, Jeeps, Kleinbusse und Lastwagen kannten, waren verwirrt.

»Das sind richtig, richtig alte Autos, aus dem letzten Jahrhundert«, erklärte ich nicht weniger durcheinander. Was in aller Welt machten diese Museumsstücke in der mongolischen Prärie?

Es handelte sich um ein Oldtimerrennen. Keiner konnte mir sagen, von wo nach wo, aber die Rennstrecke durchquerte Hovd und bescherte uns zwei aufregende Tage.

Nachdem unser Fahrer sein Essen beendet hatte, fuhren wir los und unser russischer Jeep überholte all die alten Autos, die eben noch an uns vorbeigefahren waren. So konnten wir einen zweiten Blick auf die Autos und ihre Insassen werfen. Immer zwei Männer, äußerst interessant gekleidet.

Der dritte Blick auf diese oder andere Wagen war uns dann in Hovd möglich, wo sich vor allen Autowerkstätten des Ortes Trauben von Menschen versammelten, um zuzusehen, wie die Oldtimer für die nächste Etappe fit gemacht wurden. Dies alles geschah unter den Argusaugen des Besitzers und seines Mechanikers, der nun die Aufgabe hatte, mit russischen Ersatzteilen die Fahrtüchtigkeit des europäischen Wagen zu sichern.

Es herrschte eine Atmosphäre wie bei einem Jahrmarkt und irgendwie war jeder in der Stadt beschwingt. So etwas hatte noch keiner von uns gesehen!

Am nächsten Tag wollten sie alle weiterfahren, es war schließlich ein Rennen und so überraschte es nicht, dass der Fahrer eines der Oldtimer in den Laden geeilte kam, in dem ich zufällig gerade einkaufte. Auf Englisch verlangte er Wasser und Orangensaft und deutete mit einem universell verständlichen Fingerzeig auf die gewünschten Produkte. Er bekam, was er wollte, wurde über den Preis in mongolischen Tugrug informiert und wollte in Dollar bezahlen. Die Ladenfrau schaute verwirrt und schüttelte den Kopf. Sie nahmen keine amerikanischen Dollar.

Daraufhin zückte der Oldtimerbesitzer seine Kreditkarte. Erfolglos. Diese Zahlungsweise war noch nicht in den Westen der Mongolei vorgedrungen und das hatte hier auch keine Priorität, wenn man bedachte, dass manche Dörfer in der Gegend noch nicht einmal über Strom verfügten. Aber das wusste der Mann ja nicht. In der einen Hand die Dollarscheine, in der anderen die Kreditkarte, vor dem Laden ein Auto, dessen Wert sicherlich alles überstieg, was in diesem Laden zu kaufen war, und doch half all sein Reichtum ihm nicht, die erwünschten Getränke zu erhalten.

»Das kann doch nicht wahr sein!«, stöhnte er auf Englisch und man sah ihm an, dass er es nicht gewohnt war, trotz seines Geldes nicht zu bekommen, was er wollte.

Ich trat zu ihm, lächelte und sagte: »Ich bezahle Ihnen das Wasser und den Orangensaft. Ich habe mongolische Tugrugs.«

Er starrte mich an. Ich bezahlte und drückte ihm die Getränke in die Hand. Da erwachte er aus seiner Starre, wurde ganz hektisch und wollte mir die Dollarscheine geben. Aber was sollte ich mit amerikanischen Dollars? Ich lehnte dankend ab, sagte, es sei ein Geschenk, und wünschte ihm noch eine gute Fahrt.

Der Eilschritt war vergessen. Er trottete aus dem Laden zu seinem Oldtimer und fuhr langsam weg.

Manchmal stelle ich mir schmunzelnd vor, wie er sich später in seinem Landhaus sitzend an mich erinnert: Eine weiße Frau in einem mongolischen Laden »in the middle of nowhere«, die ihm, dem reichen Mr X, ein Geschenk macht, ohne eine Gegenleistung zu erwarten. Ich stelle mir vor, wie er seinen Kopf schüttelt und erstaunt zu sich sagt: »Es gibt wirklich noch Menschen, die Dinge tun, ohne Geld dafür zu nehmen!«

# DIE GESTRANDETEN STUDENTEN

Sie hockten an einem winzigen Bewässerungskanal und spielten Bötchen, als meine Teamkollegin sie ansprach und später mit zu uns nach Hause brachte. Die zwei hochgewachsene Studenten aus Ascot wirkten ein wenig fehl am Platz, wie sie auf den kleinen mongolischen Hockern in unserer Jurte saßen. Sie strahlten Niedergeschlagenheit aus. Aber das sollte sich mit dem Essen ändern. Es gab Bratkartoffeln mit Spiegelei, Zwiebeln, Wurst und Ketchup. Sie aßen ihren Teller ratzeputze leer und nahmen sich ein zweites Mal.

»Köstlich«, lobten sie, »Schon lange nicht mehr so gut gegessen.«

Ihre Stimmung stieg merklich und beim dritten Teller fingen sie an zu erzählen. Sie seien Teilnehmer des Kleinwagenrennens London-Ulaanbaatar. Es gebe verschiedene Routen und sie hätten die durch Russland genommen. Alles sei gut gegangen, bis sie die Grenze zur Mongolei überquerten. Nichts habe sie auf die Pisten – oder wie man es sonst nennen solle – vorbereitet. Es gebe keine Straßenschilder, keine realitätsgetreuen Straßenkarten, keine Tankstellen in regelmäßigen Abständen und dann Straßen – sie schnaubten –, die für Autos überhaupt nicht geeignet seien. Kein Asphalt und so große Löcher, dass man ständig in den ersten Gang schalten müsse, keine Brücken und immer wieder Matschfelder vom Regen.

Daher gaben sie auf, als sie die erste große Stadt nach der Grenze erreichten. Sie ließen ihren Kleinwagen in einem Hinterhof stehen und entschieden, mit öffentlichen Verkehrsmitteln bis zur Hauptstadt weiterzufahren. Sie gingen zum Markt, fanden einen Fahrer, der immerhin bis nach Hovd fuhr, stiegen ein und überlebten – nach ihren Beschreibungen – die Reise gerade so eben. Daraufhin war für sie klar, dass sie in keinen Jeep oder Bus mehr steigen, sondern die verbleibenden 1 500 Kilometer mit dem Flugzeug zurücklegen würden. Es gab nur ein Problem: Das nächste Flugzeug flog erst in drei Tagen. So waren sie in Hovd gestrandet: ernüchtert, ohne Sprachkenntnisse und ohne irgendetwas zu tun zu haben.

Wir waren inzwischen beim Nachtisch angekommen und schlugen vor: »Also, wenn ihr Arbeit sucht, da können wir euch helfen.«

Wir waren nämlich gerade dabei, die neuen Räume für unseren Kindergarten herzurichten. Die Studenten waren hellauf begeistert und so standen sie die nächsten Tage morgens pünktlich vor der Tür, nagelten Bretter fest, strichen Wände, putzten Fenster, schnitten Teppiche zu und unterhielten uns mit Geschichten aus ihrem Leben. Wir versorgten sie im Gegenzug mit Mittag- und Abendessen. Ein voller Gewinn – für beide Seiten!

# DIE ANTHROPOLOGIN

Sie kam wegen der Feldstudie für ihre Doktorarbeit. Sie hatte ein Ziel und sie blieb nicht lange. Sie konnte kein Mongolisch, daher arbeitete sie mit Übersetzern.

Mein Leben und ihres kreuzten sich genau genommen nur während eines langen Spaziergangs am Fluss, bei dem sie mir einiges aus ihrem Leben berichtete und über ihre Doktorarbeit sprach. Sie war hier, um den mongolischen Schamanismus zu untersuchen, und verwendete dafür eine Reihe von Fragen, die sie mithilfe der Übersetzerin an willkürlich ausgewählte Menschen stellte.

Ich war bass erstaunt.

»Und das funktioniert?«, fragte ich ungläubig. »Bist du sicher, dass die Antworten die wahren Gedanken der Mongolen widerspiegeln?«

»Natürlich!«, versicherte sie mir. »Es läuft alles prächtig, nur das Übersetzen braucht seine Zeit.«

Ich war nicht überzeugt. Ich lebte seit mehreren Jahren in der Mongolei, beherrschte die Sprache einigermaßen und das geistliche Leben der Mongolen war der Grund, warum ich hier war. Das Wenige, was ich über den Schamanismus hier wusste, hatten mir mongolische Christen erzählt, die dank Jesus keine Angst mehr vor den Geistern hatten.

Behutsam erwähnte ich, dass für Mongolen Worte keine solche Verbindlichkeit haben, wie wir es im Westen gewöhnt sind, und dass sie oft nicht das sagen, was sie wirklich denken, und dass sie vor Fremden nicht schnell über geistliche Dinge reden. Sie war nicht überzeugt, schließlich hatte sie ja Antworten auf dem Tonband und Papier.

Dann sprach ich von der unterschiedlichen Prägung von Kulturen in Bezug auf Schuld, Scham und Angst. Da hörte sie auf einmal hin. Das wollte sie genauer wissen, denn von diesen Unterschieden hatte sie noch nie etwas gehört.

Ich war schockiert. Schließlich war sie dabei, eine Dissertation in Anthropologie zu schreiben, das heißt, sie hatte mindestens sechs Jahre Anthropologiestudium hinter sich. Und da hatte sie noch nie von Schamkulturen, Schuldkulturen und Angstkulturen gehört!

Unser Spaziergang war lang und so holte ich etwas aus. Sie hörte fasziniert zu.

Ob sie allerdings etwas an ihrer Untersuchungsmethode änderte, bezweifle ich. Welche Theorien und »Fakten« über den mongolischen Schamanismus sie wohl in ihrer Doktorarbeit in die Welt gesetzt hat?

Eins steht fest: Meine Achtung vor akademischen Arbeiten und Titeln sank an diesem Tag gewaltig.

# DIE FILMEMACHERIN

Sie war in aller Munde. So jemanden hatten die wenigsten Menschen in Hovd je gesehen. Eine Schwarze mit Rastalocken! Sie und ihr Mann arbeiteten für die UN: er für ein Umweltprojekt in der Gegend, sie als Filmemacherin. Da es nicht viele Ausländer in Hovd gab, lernten wir uns bald kennen und schätzen.

Es fing mit gemeinsamen Filmnächten an. Sie hatte Kisten gefüllt mit DVDs aus aller Herren Länder. Das allein war schon ein Geschenk. Aber sich nach dem Film noch stundenlang über Lichteinfall, Kameraführung, Farbenspiel, Szeneneröffnungen, Charakterentwicklungen und die Verwendung von Musik zu unterhalten, war Balsam für meine ausgetrocknete Künstlerseele. Dazu kamen ihre professionellen Fotos, die aus dem mongolischen Alltag wunderschöne Momente machten.

Eine ganz neue Welt eröffnete sich mir, als ich ihr Filmstudio sah. Es bestand hauptsächlich aus Computerbildschirmen und riesigen Festplatten – und vor allem aus professionellen Filmbearbeitungsprogrammen. Irgendwann nahm ich all meinen Mut zusammen und fragte sie, ob es eventuell möglich sei, einen kleinen kurzen Film über die Alltagssituationen meines Lebens zu drehen, um meinen Freunden zu Hause mein Leben hier etwas besser vermitteln zu können.

Sie sagte sofort zu. Eine Woche lang begleitete sie mich bei allen meinen Aktivitäten und anschließend bearbeiteten wir das Material. Vom Kurzfilm war schon bald nicht mehr die Rede. Am Ende hatte die Dokumentation Spielfilmlänge. Die Herstellung dieses Films und die Zusammenarbeit mit der Filmemacherin gehören zu den besten Stunden meiner Zeit in Hovd. Sie schenkten mir eine Lebendigkeit und Freude, die ich dort fast vergessen hatte.

Die Filmemacherin und ihr Mann hatten geplant, zwei Jahre zu bleiben. Doch schon nach einem Jahr hielten sie es nicht mehr aus und zogen weg. Der Versuch, in Kontakt zu bleiben, misslang. Und so ist diese Frau fast nur noch eine schöne Erinnerung, wäre da nicht dieser Film, eine handfeste und bleibende Erinnerung an ihre Großzügigkeit und Kreativität.

# DIE GOLDSUCHER

Als Kind und Jugendliche war ich fasziniert vom Goldrausch in Yukon und Alaska. Ich las alle Bücher, die ich zu diesem Thema finden konnte, und hatte oft das Gefühl, zu spät und auch am falschen Ort geboren zu sein. Aber dagegen kann man ja bekanntlich nichts machen und so ging ich in Deutschland zur Schule, kam dem Goldschürfen in meinem Bibelschuljahr in Kanada auf jeden Fall geografisch näher und zog irgendwann in die Mongolei. Hier traf ich dann tatsächlich echte Goldsucher.

Es war wieder einmal mein westliches Aussehen und der Mangel an Englischkenntnissen in Hovd, die mir diese Begegnung bescherten. Ich war auf dem Weg nach Hause, als plötzlich ein kleiner Lastwagen neben mir hielt. Das Fenster wurde heruntergekurbelt und der Fahrer fragte mich, ob ich Englisch spräche. Ich bejahte und die zwei Männer waren erleichtert. Sie suchten nach einem Hotel. Ich sagte, da gäbe es drei. Sie wollten gerne eins mit Dusche.

»Tja«, meinte ich, »zwei haben Duschen, aber dass sie warmes Wasser haben, kann ich nicht versprechen.«

Die Männer zeigten sich enttäuscht, aber wollten dann doch sehen, wo sich diese beiden Hotels befanden.

»Das eine ist gleich da drüben«, antwortete ich und zeigte auf die gegenüberliegende Seite. Es hatte den üblichen Hovd-Charme mit etwas abgeblätterter Farbe und machte einen etwas heruntergekommenen Eindruck.

»Und das andere?«, fragten sie. Kurz nachdem ich angefangen hatte, ihnen den Weg zu erklären, unterbrach der Fahrer mich und sagte: »Steig doch lieber ein und zeig uns den Weg!«

Das tat ich. Ich quetschte mich zwischen Beifahrer und Tür und so füllten drei stämmige westliche Personen die Fahrerkabine. Auf der Fahrt stellten sie sich vor. Sie kämen aus Australien und wollten hier im Westen der Mongolei Gold suchen. Die Ausrüstung – der Fahrer zeigte auf die Schaufeln, Spitzhacken und Jutesäcke auf der Ladefläche – hätten sie mitgebracht. Noch eine Nacht in der Stadt, dann würden sie weiterziehen.

Ich schaute sie wortlos an. Was sollte ich auch sagen? Sie waren den ganzen Weg von Australien gekommen, um Gold zu finden. Sollte ich ihnen diesen Traum zerstören, indem ich ihnen mitteilte, dass Gold im Süden der Mongolei zu finden sei und nicht hier im Westen? Ihnen sagen, dass es Ende September sei und bald der Bodenfrost beginne und es da nichts mehr sei mit Schaufel und Spitzhacke? Oder ihnen eröffnen, dass es in der Mongolei sowieso kaum Bäche und Flüsse gebe, die genug Wasser lieferten, um Gold zu schürfen, und die wenigen, die es gebe, in den nächsten Wochen einfrieren würden?

Sie hätten mir vermutlich ohnehin nicht geglaubt. Denn obwohl sie höflich waren, wirkten sie auf keinen Fall sympathisch. Sie machten einen ungepflegten Eindruck und es umgab sie ein Hauch von Arroganz, Reichtum und Gier. Ich war froh, als wir am Hotel ankamen und ich aussteigen konnte. Ich musste an all die Bücher denken, die ich über den Goldrausch gelesen hatte und über die Goldgräberstädte, die voll waren mit Männern wie diesen. Innerlich schüttelte es mich bei dem Gedanken und auf einmal war ich froh, als Frau nie in so einer Stadt gelebt zu haben.

Von den Goldsuchern habe ich nie wieder etwas gehört, was erstaunlich ist, da sie sicher ein Gesprächsthema gewesen wären, hätten sie irgendwo in der Umgebung Gold gesucht und gefunden. Daher nehme ich an, dass sie wie so viele Goldsucher irgendwann aufgaben, als ihre Nahrung ausging und der Winter zu kalt wurde.

# NATUR

# DIE MONGOLISCHE KÄLTE

Da wir in einer Jurte lebten, befand sich das Plumpsklo draußen und so war man zu jeder Tageszeit über die Wetterverhältnisse informiert. Der Moment, in dem man den Winter kommen fühlte, war in der Regel Ende September, Anfang Oktober. Es lag dann eine Kälte in der Luft, die direkt aus dem All zu kommen schien: klar, eisig, unverschmutzt und allumfassend. Selbst wenn das Wetter nach diesem Vorboten noch einmal richtig warm wurde, wusste man, der Winter würde bald kommen und mit ihm die mongolische Kälte.

Ich liebte die Kälte. Sie war ein Grund, warum ich mich für das Leben in der Mongolei entschieden hatte, und ich fand die neuen Erfahrungen faszinierend.

Die erste war der Schnee. Dieser war so ganz anders als in Deutschland. Es gab keinen Matschschnee, der einem Schuhe und Hosen durchnässte, sondern nur reinsten Pulverschnee. So pulverig und trocken, dass sich daraus weder ein Schneemann bauen noch ein Schneeball formen und werfen ließ. Stundenlang konnte man durch den Schnee laufen, ohne dass die Schuhe auch nur feucht wurden. Man konnte sich sogar in den Schnee legen und stand nur wieder auf, weil es kalt wurde. Denn kalt war es zweifellos.

Man lernte schnell, im Winter nicht mehr laut aufzulachen, weil die kalte Luft an den Zähnen schmerzte. Man fing auch recht bald an, beim Reden die Zähne stets mit den Lippen zu bedecken. Auch tiefes Einatmen vermied man. Natürlich zog man sich ab einem bestimmten Punkt einen Schal über Mund und Nase, aber auch das hatte seine Tücken. Schloss man dann nämlich die Augen zu lange, gefror der nach oben steigende Atem an den Wimpern und man musste erst das Eis von den Wimpern zupfen, um die Augen wieder öffnen zu können.

Langes Verharren in der Kälte – ob mit offenen oder geschlossenen Augen – war ohnehin nicht anzuraten. Solange man sich bewegte, war die Kälte jedoch gut zu ertragen, weil die trockene Luft nicht wie in Deutschland durch alle Kleider kroch. Aber beim Stehenbleiben wurden die Zehen schnell kalt, dann die Beine und Arme und irgendwann der ganze Körper.

Selbst die Kleidung gefror. Wenn man nach einer Wartezeit, zum Beispiel auf den Bus, wieder in Bewegung geriet, musste man spürbar einen kleinen Widerstand der Kleidung durchbrechen. Man hörte es sogar, die Hose und Jacke knackten. Im Laufe der Jahre konnte ich an dem Knacken hören, ob es minus 20, 30 oder 40 Grad war.

Im Bus war es zwar wärmer als draußen, aber noch immer kalt und alle Fensterscheiben waren mit einer dicken Eisschicht bedeckt. Anfänglich kratzte ich noch mühsam ein kleines Loch in die Eisschicht, um sehen zu können, wo ich mich befand. Ich wollte ja meinen Ausstieg nicht verpassen. Später nutzte ich zur Orientierung an jeder Haltestelle den Moment, in dem die Türen sich kurz öffneten.

Noch etwas anderes lernte man schnell: nie mit nassen Händen oder Haaren aus dem Haus zu gehen. Denn alles, was nass war, gefror in Sekundenschnelle. Die gefrorenen Haare konnte man abbrechen, die nassen Hände waren vor allem dann gefährlich, wenn man Metall anfasste. Die erste Lektion lernte ich, als ich direkt nach dem Händewaschen zum Schuppen lief, um etwas zu holen. Das Hängeschloss des Schuppens fror an meiner Hand fest. Danach tat ich so etwas nie wieder.

Bei der zweiten Lektion rutschte ich vor dem Eingang eines Plattenbaus auf dem Eis aus. Ich hatte mir in Erwartung der baldigen Ankunft bereits den Handschuh ausgezogen, fing mich also barhändig auf dem Eis auf und nahm zum Aufstehen die Metalltür zur Hilfe. Auch dieses Erlebnis lehrte mich etwas; nämlich die Handschuhe immer erst in der Wohnung auszuziehen.

Die Kälte hatte zweifellos auch viel Gutes. Über sechs Monate gab es keine Fliegen und Mücken, Krankheiten erstarben mit den Viren und Bakterien, das Innere der Plumpsklos war gefroren und man roch gar nichts.

Und dann gab es noch das skurrile Phänomen der Eisverkäufer. So im März oder April, wenn die Temperatur nur noch bei minus 10 Grad lag, kamen deutliche Frühlingsgefühle auf. Man fragte sich, ob es sich überhaupt noch lohne, eine Jacke anzuziehen, man fing wieder an, Gespräche auf der Straße zu führen, und man kaufte sich Eis. Denn dies war die Zeit der Eisverkäufer, die ihre Box vor sich hertrugen und sich keine Sorgen zu machen brauchten, dass das Eis schmelzen könnte. Das tat es nicht: weder in der Box noch in unseren Händen.

# DER ERSTE REGEN

Die Mongolei hat kontinentales Klima. Das heißt, es ist dort im Winter extrem kalt, im Sommer extrem heiß und das ganze Jahr über extrem trocken. Gebäck verwahrt man daher in einer Dose, damit es weich bleibt, Wunden verheilen unglaublich schnell und ohne Entzündungen. Und immer wartet man auf Regen.

Acht bis neun Monate regnet es nicht. Am Anfang und Ende des Winters fällt zwar etwas Schnee, aber der löst sich – im wahrsten Sinne des Wortes – nach wenigen Tagen in

Luft auf. Also sehnt man sich am Ende des langen Winters nach Regen und nach ersten grünen Grashälmchen.

Irgendwann ist es dann so weit. Man riecht den Regen. Erwartungsvoll schaut man zum Himmel auf, aber noch sieht man nichts. Und wenn man nicht genau aufpasst, verpasst man den ersten Regen, denn der erste Regen erreicht die Erde nicht.

Die Luft ist so trocken, dass der erste Regen wie der Schnee in der Luft verdunstet. Man riecht ihn, man sieht ihn sogar. Man sieht die Regenstränge oben am Himmel, aber mitten in der Luft hört der Regen auf. Es ist ein Naturschauspiel, aber eben auch frustrierend. Denn die Seele sehnt sich weiter und das Warten hat kein Ende.

Aber dann irgendwann kommt der zweite Regen. Dieser schafft es bis zur Erde und wird bejubelt und betanzt. Rennen in Deutschland die meisten Leute bei den ersten Regentropfen Schutz suchend unter einen Vorsprung, so rennen in der Mongolei die Leute bei Regen auf die Straße. Einmal saßen wir gerade in einem Restaurant. Als klar wurde, dass es draußen regnete, leerte sich das Restaurant in Sekundenschnelle. Alle Gäste, Kellner und Küchengehilfen liefen auf die Straße, hielten ihre Handflächen dem Regen entgegen und lachten vor Freude.

Natürlich bringt der Regen in einem Land, das nicht auf ihn eingestellt ist, jedes Mal Herausforderungen mit sich. Flüsse treten über die Ufer, Brücken werden überspült. Der Filz der Jurte wird feucht und beginnt zu riechen. Da die Fenster der Jurte nie ganz dicht sind, regnet es herein. Da es keine Kanalisation gibt, sind die Straßen schnell überschwemmt und man sieht die Schlaglöcher nicht mehr. Immer wieder kommt es vor, dass Autos schräg auf der Fahrbahn liegen bleiben und man warten muss, bis der Regen aufhört und das Wasser von selbst wird abläuft.

Aber das sind alles Kleinigkeiten. Der Regen ist und bleibt ein Grund zur Freude und wird sogar in einem mongolischen Kinderlied besungen.

# DAS BLUMENBEET

Die mongolische Natur ist beeindruckend und faszinierend, aber vor allem wegen ihrer Weite und Kargheit. Es gibt nicht viel Grün und es gibt in der Regel auch keine Blumen. Will man bei Festanlässen den aus ausländischen Filmen abgeschauten Brauch anwenden, Blumen zu verschenken, muss man auf künstliche zurückgreifen. Diese halten dann auch länger und trotzen jeder hohen oder niedrigen Temperatur.

Trotz dieser unanfechtbaren Vorzüge konnte ich mich in all den Jahren nicht für künstliche Blumen begeistern und wagte den Versuch, ein Blumenbeet anzulegen. Zwei Jahre bemühte ich mich, ließ mir Samenpackungen aus Deutschland schicken, trennte einen kleinen Teil am Rande des Grundstücks mit einer Art Zäunchen ab, streute reichlich Samen aus und goss täglich.

Beide Jahre bestand die Frucht meiner Bemühungen aus je einer Blüte und in beiden Jahre konnte ich mich nur sehr kurz an der einen Blume erfreuen. Im ersten Jahr rissen die Nachbarskinder sie ab und warfen sie kurz darauf wieder auf den Boden. Ihnen war einfach nicht bewusst, welchen Einsatz diese Blüte gekostet hatte. Ich war verärgert und enttäuscht und schnauzte sie an.

Im Jahr darauf ließen sie die Blume stehen. Aber leider wurde bald darauf eine Lkw-Ladung Kuhdung geliefert, die die Nachbarn bestellt hatten. Denn in der Mongolei verwendet man getrockneten Kuhdung, um Feuer zu machen. Die ganze Ladung kippte der unachtsame Lkw-Fahrer über die Blume, sie überlebte es nicht.

Aber meine Bemühungen waren nicht gänzlich umsonst. Denn mein tägliches Gießen hatte zur Folge, dass sich der Nachbarshund an mich gewöhnte und sich am Ende von mir durch den Zaun streicheln ließ.

# DER STERNENHIMMEL

In der Mongolei habe ich viel erlebt, was so in Deutschland nur schwer oder gar nicht möglich ist. Eines dieser Dinge ist der Blick in einen fantastischen Sternenhimmel.

Besonders ein Erlebnis ist mir in Erinnerung geblieben. Wir waren über Nacht bei einer Nomadenfamilie. Sie zu finden war nicht einfach gewesen. Wir wussten zwar die grobe Richtung, aber am Ende mussten wir aus dem Auto aussteigen und wie echte Fährtenjäger den Boden absuchen, um anhand weggesprungener Kieselsteinchen erahnen zu können, wo ein Auto oder Motorrad abgebogen war.

Als wir die Jurte endlich gefunden hatten, war die Freude groß, doch wir stiegen trotzdem nicht sofort aus. Denn alle Nomaden haben Hunde. Keine Hunde, wie wir sie kennen, sondern Bewacher, deren Hinken, zerfetzte Ohren oder abgebissenen Schwänze von Kämpfen mit Wölfen zeugen. Diese Hunde müssen jeden Besucher zunächst einmal als Freund der Jurte kennenlernen. Das geschieht, indem der Jurtenherr oder die Jurtendame den Hund zu sich ruft und festhält, während die Besucher in gebührendem Abstand die Jurte betreten. War man dann aber einmal in der Jurte, galt man als Freund und konnte die Jurte jederzeit ohne Sorge verlassen und betreten, etwa um etwas aus dem Jeep zu holen oder zur Toilette zu gehen.

Genau das tat ich an diesem späten Abend. Ich war nach draußen zur Toilette gegangen und brachte es nicht über mich, wieder zurückzugehen. Denn über mir breitete sich ein unglaublicher Sternenhimmel aus. Die Milchstraße erstreckte sich von Horizont zu Horizont. Die üblichen Sternbilder wie der Große Wagen, Kassiopeia und Orion konnte man wegen der vielen anderen Sterne gar nicht finden.
Es war, als söge der Himmel einen zu sich, als gäbe es mehrere Schichten von Sternen, als breite sich das ganze Firmament über einem aus und man selbst sei ein Nichts im Vergleich zu dieser unglaublichen Größe und Schönheit. Ehrfurcht, Bewunderung, Demut, Begünstigung – all das empfand ich. Und Einsamkeit hätte sich ebenfalls einschleichen können, wäre da nicht auf einmal eine Bewegung neben mir gewesen. Warmes Fell, das sich an mein Bein lehnte, ein kräftiger Hundekopf, der genau unter meine Hand passte und zum Kraulen einlud.

Und so standen wir da, der abgekämpfte Hund und ich, mitten in der mongolischen Steppe vor der dunklen Silhouette einer Jurte unter einem nicht enden wollenden Sternenhimmel. Und ich bin mir sicher: Der Schöpfer des Universums sah uns und freute sich über uns.

# DER AUSRITT

Wenn man die Mongolei erwähnt, denken die meisten Leute an Pferde. Ich werde immer wieder gefragt, ob ich denn auch viel geritten sei. Die Antwort darauf ist »Nein«. Tatsächlich bin ich mehr auf Kamelen geritten als auf Pferden, einfach deshalb, weil Pferde in der Mongolei meistens irgendwo in der Weite des Altaigebirges grasen und zum Ausreiten erst einmal gefunden und eingefangen werden müssen. Dann sind sie oft halbwild. Kamele dagegen sind immer in der Nähe der Jurte.

So ist es nicht erstaunlich, dass ich erst in meinem letzten Jahr die Gelegenheit hatte auszureiten. Denn das letzte Jahr verbrachte ich wieder in der Hauptstadt und dort sind die Touristen. Touristen wollen reiten. Darum gab es etwas außerhalb der Stadt verschiedene Familien, die Pferde und russische Sättel vermieteten. Die russischen Sättel waren deshalb wichtig, weil sie aus Leder sind und nicht wie die mongolischen aus Holz.

Bei einer dieser Familien hatte ich den Ritt meines Lebens. Er war paradiesisch. Da ich nie richtig reiten gelernt habe, hatte ich bis dahin immer zwischen dem Versuch, den Ritt zu genießen, und der krampfhaften Angst, vom Pferd zu fallen, geschwankt. Aber diesmal hatte ich ein richtig gutes Pferd, der Sattel saß fest und meine Teamkollegin, die sehr gut reiten konnte, ritt neben mir und mein Pferd folgte ihrem einfach nur.

Über eine Stunde galoppierten wir über die Prärie. Links der glitzernde Fluss und herbstlich gelbe Bäume, rechts Yaks und Schafherden, am Horizont Berge, darüber wärmende Sonne, blauer Himmel, kühle Luft – und ein galoppierendes Pferd unter mir. Es war ein einmaliges Geschenk, eine kostbare Erinnerung. Die Bilder dieses Ausritts haben sich mir tief eingeprägt.

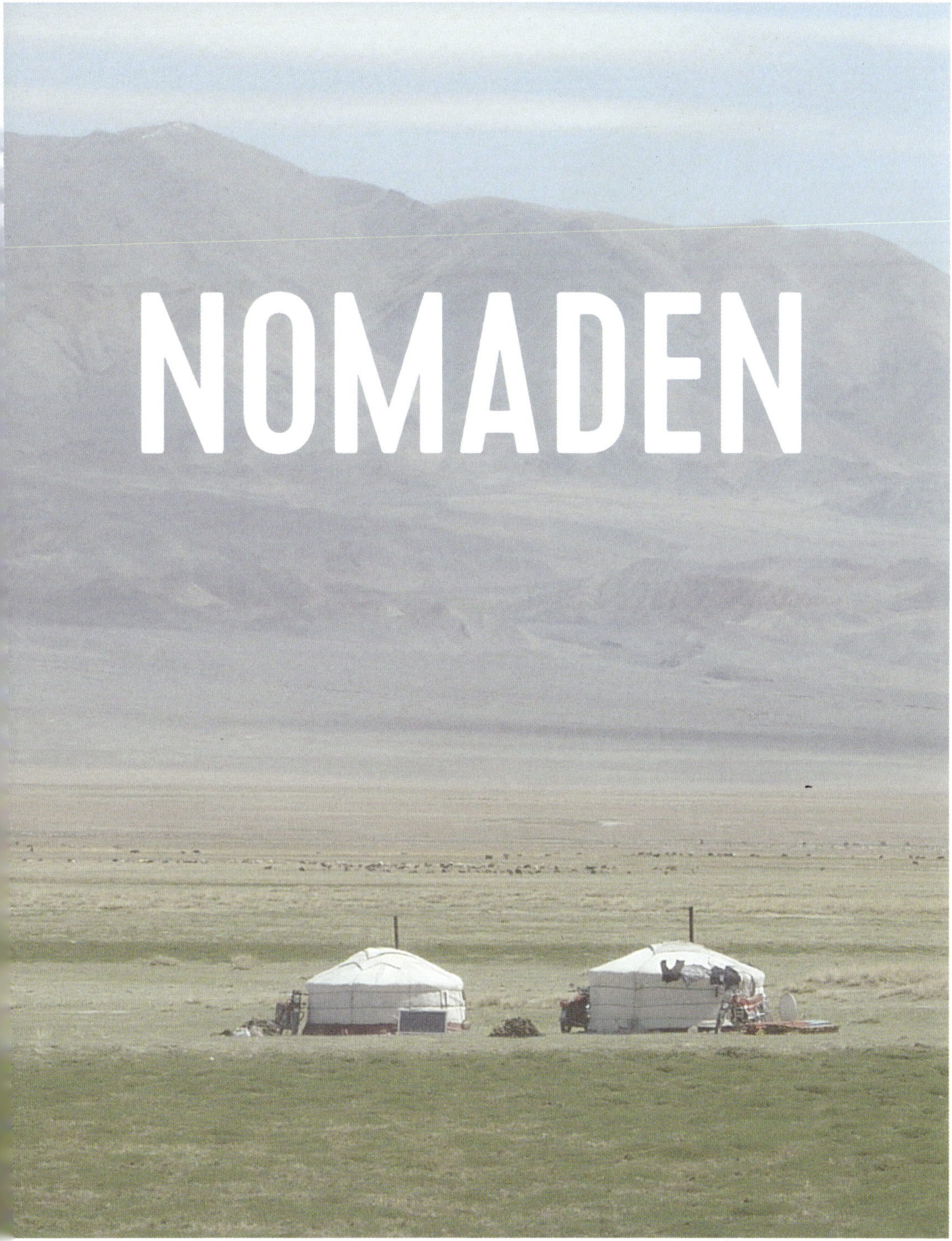
NOMADEN

# DIE WISSBEGIERIGE SPRACHLEHRERIN

Ich war in meinem zweiten Sprachschuljahr und lebte noch immer in der Hauptstadt. Zwar hatte ich zwei Monate auf dem Land verbracht, aber nomadisches Leben und Denken war mir völlig fremd. So hatte ich nicht die geringste Ahnung, auf was ich mich einließ, als eine meiner Sprachlehrerinnen sich erkundigte, ob ich etwas Zeit hätte. Sie lese seit Kurzem die Bibel und hätte da ein paar Fragen.

Ich war hocherfreut und machte mir nur Sorgen, dass mein Mongolisch nicht ausreichen würde, um mögliche Zusammenhänge oder Konzepte zu erklären. Die Sorge war überflüssig, denn von Antworten, geschweige denn zu erklärenden Konzepten konnte keine Rede sein.

Ihre erste Frage betraf David beziehungsweise sein Musikinstrument. »Wie groß war die Harfe von David?«

Ich schaute sie verblüfft an.

Die Lehrerin bemerkte mein Erstaunen und meinte: »Immerhin hat er die meiste Zeit Schafe gehütet, da kann die Harfe nicht sehr groß gewesen sein. Er muss sie ja schließlich mit sich getragen haben und in der Lage gewesen sein, seine Schafe zu beschützen.«

Daran hatte ich noch nie gedacht und ich hatte auch keine Ahnung, wie groß oder klein die Harfe von David war.

So stellte sie die zweite Frage: »Der Brunnen, um den sich Abram und Lot stritten, wie tief war der?« Ich musste beschämt zugeben, dass ich auch das nicht wusste.

Bei meinen kurzen Antworten waren wir in einem rasanten Tempo bei der dritten Frage angekommen: »Die Schafhirten in Israel damals, trieben sie ihre Schafen vor sich her oder liefen die Schafe hinter ihnen?«

Inzwischen war mir meine Unwissenheit peinlich. Ich musste voller Demut bekennen, dass ich mir über all diese Dinge noch nie Gedanken gemacht hatte. Ja, nicht nur das. Ich hatte nicht mal eine Idee, in welchem Buch ich nachschlagen könnte, um eine Antwort zu finden, obwohl diese Fragen überaus wichtig und interessant waren. Mit solchen Details beschäftigen sich westliche Theologen nicht und man hört auch in Predigten nichts darüber.

Diese lehrreiche Fragestunde wurde für mich zu einem Wendepunkt. Ich begann plötzlich die Bibel mit Nomadenaugen zu lesen. Das hat mich zu vielen kostbaren und bereichernden Entdeckungen geführt.

# DIE TAPFERE ALTE

Im Zusammenhang mit der Sprachschule wurde ich für fünf Tage zu einer nomadischen Familie geschickt. Sie wohnten »neben der hohen Antenne« und der Fahrer wusste tatsächlich, wo das war, und brachte mich hin.

Wir betraten die Jurte und tranken erst einmal Tee. Beklommenes Lächeln, da für vieles die Worte fehlten. Zum Glück ist es bei den Mongolen nicht so wichtig, viele Worte zu machen. Ganz im Gegenteil: Wer schweigt, gilt als weise. Trotzdem fühlte ich mich so nichtssagend und unwohl, nur meinen Tee zu trinken und zu schweigen. Daher war ich froh, als wir irgendwann aufstanden und ich bei den Arbeiten mithelfen beziehungsweise zuschauen konnte.

Die erste Tätigkeit war Wasserholen. Der Brunnen war nicht weit von der Jurte entfernt und wir nahmen zwei Kamele mit, die die schweren 50-Liter-Kannen tragen würden. Der Brunnen war ein Loch im Boden mit Holzbohlen am Rand. Das Schöpfgerät bestand aus dem halben Schlauch eines Autoreifens, der an einem Seil befestigt war. Die Naht war nicht ganz dicht und so rann Wasser durch die Löcher, aber alles in allem ging es überraschend gut. Um die Kannen zu füllen, mussten wir den Schlauch viele Male in den Brunnen werfen und wieder hochziehen. In den folgenden Tagen wurde dies meine Hauptaufgabe. Man konnte nicht viel falsch machen und so tränkte ich erfolgreich Kamele, Schafe und Ziegen.

Mein Versuch, »nomadische Gespräche« zu führen, misslang im ersten Anlauf. Ich stand neben dem Mann der Familie und schaute auf die Schafherde. »Viele Schafe«, sagte ich in meinem rudimentären Mongolisch.

Er schaute mich an, zeigte auf verschiedene Schafe und sagte verschiedene Worte. Monate später lernte ich, dass es in der mongolischen Sprache verschiedene Worte für männliche und weibliche Schafe gibt und dann noch jeweils unterschiedliche für die Schafe in den ersten fünf Lebensjahren. Das Wort »Schaf« war viel zu unpräzise.

Ich lernte eine Menge in diesen fünf Tagen und ich machte vieles zum ersten Mal. Ich aß zum ersten Mal Schafeingeweide, kämmte zum ersten Mal eine Ziege, die dabei fürchterlich schrie, und ich ritt zum ersten Mal auf einem Kamel.

Die alte Mutter der Familie ritt mit dem Pferd vor mir her und hielt die Zügel meines Kamels in der Hand. Ich wäre natürlich gerne selbst geritten, aber wer weiß, was bei so einem ersten Kamelritt passieren konnte. Also genoss ich einfach den Ritt, denn der war grandios. Kühle Luft, klarer, blauer Himmel, weite Landschaft und die Altaiberge am Horizont. Ich saß auf meinem Kamel und schaute ich mich um und fühlte mich wild und frei. Denn ich musste ja eh nicht wirklich reiten.

Vor lauter Umschauen bekam ich nicht mit, was dann passierte, und war erst wieder bei der Sache, als mein Kamel anhielt und die alte Mutter vor mir im Staub lag. Sie war irgendwie vom Pferd gefallen. Als sie aufstand, humpelte sie. Ich wollte ihr helfen, aber ich saß völlig nutzlos auf dem Kamel und wusste noch nicht einmal, wie ich hätte heruntersteigen sollen.

Sie winkte ab. »Alles gut«, sagte sie.

Aber ihr Gang war alles andere als gut. Sie hielt weiterhin die Zügel meines Kamels und führte mich humpelnd zur Jurte zurück.

In den nächsten Tagen sah man ihr an, dass sie Schmerzen hatte. Als der Fahrer mich wieder abholte, boten wir ihr an, sie mit ins Provinzkrankenhaus zu nehmen. Sie wollte nicht, sie sei in Ordnung, betonte sie. Später erfuhr ich, dass sie noch wochenlang Probleme mit der Hüfte hatte. Aber wie so viele Nomaden, die es nicht gewohnt sind, eine Apotheke oder einen Arzt um die Ecke zu haben, litt sie tapfer, bis es irgendwann besser wurde – oder eben auch nicht.

# DAS »NEW YORK DES WESTENS«

Hovd war das Zentrum der fünf westlichen Provinzen der Mongolei. Da es ein großes Regierungsgebäude, eine Universität, ein Gefängnis, ein Theater und ein Sportstadion besaß, nannten wir es manchmal mit einem Schmunzeln das »New York des Westens«. Es war von Bergen umgeben und egal, auf welcher der drei Straßen man nach Hovd einfuhr, man sah den Ort erst recht spät, wenn die Berge die Sicht von einer Anhöhe freigaben und man ihn in seiner ganzen Größe vor sich sehen konnte.

Die Mongolen nannten Hovd nur »das Provinzzentrum«. Besuchte man Dörfer, nannte man sie in der Regel beim Namen. Wir waren wieder einmal für einige Tage in einem dieser Dörfer gewesen. Handyempfang gab es nicht und selbst wenn es eine Antenne für ein Netz gegeben hätte, fehlte der Strom, um den Akku aufzuladen. Die meisten Mongolen, ob in dem Dorf oder als Nomaden in der Steppe, hatten eine Solarplatte, die eine Autobatterie speiste und mit der immerhin eine Glühbirne mehrere Stunden lang brennen konnte.

Abends gab es dann noch den Dorfgenerator, der für zwei Stunden so viel Strom spendete, dass man mehrere Glühbirnen brennen, den Fernseher laufen lassen und vielleicht sogar den Wasserkocher einschalten konnte. Waren die zwei Stunden Dorfgenerator verstrichen, hatte die Sonne nicht geschienen oder lebte man als Nomade weit entfernt vom Dorf, spendeten Kerzen Licht. Möglichst lange, hohe Kerzen, denn kleine Teelichter wurden von den Mongolen als völlig unnütz belächelt. Die spendeten ja kein Licht, sondern machten nur ein wenig Atmosphäre.

Unsere Zeit im Dorf war beendet und wir hatten einen Jeep gefunden, der nach Hovd fuhr. Da Mongolen immer erst nach der Dämmerung ihre Reise beginnen, war es bereits dunkel, als wir losfuhren.

Der Jeep war gut mit Menschen gefüllt. Vorne vier Personen, in der Mitte fanden fünf Menschen Platz und ganz hinten im offenen Kofferraum saßen noch drei Personen, darunter ein Vater mit seinem Sohn. Sie hatten sich auf der Fahrt leise miteinander unterhalten, man hatte nicht viel von ihnen mitbekommen. Es war spät und dunkel, manche schliefen. Erst kurz vor Hovd wurde es lebendig. Am lebendigsten wurde der Junge, der sich auf einmal aufrichtete und aufgeregt versuchte, über die Köpfe der Leute hinweg durch die Windschutzscheibe nach vorne zu sehen. Wir fuhren um die Kurve, der Berg gab die Sicht frei und vor uns lag Hovd mit seinen bis zu fünfstöckigen Gebäuden und seiner Elektrizität trotz später Abendstunde.

Der Junge sprang vor Begeisterung beinahe auf und ab, er jubelte, er staunte, er riss seinen Vater am Ärmel und zeigte auf die Pracht der Großstadt. Der Junge sah nichts als die Stadt dort unten im Tal und wir im Auto sahen nichts anderes als den Jungen, der zum ersten Mal in seinem Leben das Dorf verlassen hatte und nun beim Anblick von Hovd und seiner Modernität in unsägliches Staunen versetzt wurde.

Als ich meinen Blick vom Gesicht des Jungen wieder auf die Stadt richtete, musste ich ihm zustimmen. Er hatte recht: Hovd hatte definitiv Ähnlichkeiten mit New York!

# DER KASACHE

Nach dem chinesischen Neujahr ist *Naadam* das zweitwichtigste Fest für Mongolen. Dschingis Khan feierte es zum ersten Mal nach seiner Vereinigung der mongolischen Stämme im Jahre 1206. Bei *Naadam* geht es um Pferderennen, Ringen und Bogenschießen. Jedes Jahr finden Wettkämpfe statt. In der Hauptstadt tummeln sich die besten Athleten, Pferde und viele Touristen. Je weiter man aufs Land geht, desto näher ist man am eigentlichen Geschehen und desto mehr kann man von den Wettkämpfen sehen. So ist es nicht verwunderlich, dass ich die Dorf-*Naadams* am schönsten fand. Man picknickte zwischen

Pferden und herumliegenden Sätteln, man roch den Schweiß, man drückte dem Sieger die Hand.

Aber das alles war natürlich nicht nur ein sportliches Ereignis, es war auch viel Ehre, Ruhm und Geld im Spiel. Die Ringer haben in der Mongolei etwa den Status, den Fußballer bei uns in Deutschland haben; dementsprechend groß sind die Siegestrophäen. Die Bogenschützen spielen dagegen keine so große Rolle mehr, sie sind bei diesem Fest eher ein nostalgischer Aspekt. Aber nichts Nostalgisches haben die Pferde an sich. Hier geht es um Geschwindigkeit, Ehre und viel Geld. Bei dem Pferderennen ist der Reiter nämlich gar nicht wichtig. Denn ein Pferd kann auch dann noch gewinnen, wenn es ohne Reiter ins Ziel läuft. Die Gewinnpferde sind die Helden. Trauben von Menschen umringen sie, um sich von ihrem Schweiß etwas abzuwischen und dadurch Glück zu erhalten. Die Gewinnpferde sind die Zuchthengste und die Zuchtstuten der Zukunft.

Bei all dem Getümmel zwischen Picknickdecken, Sätteln, Menschen und Zelten passierte es einmal, dass ich beim Endspurt eines Rennens neben dem Mann stand, dem das gewinnende Pferd gehörte. Er war nicht beim Zieleinlauf, er stand auf einer Anhöhe und schaute sich alles ohne die kleinste Bewegung von oben an. Er war Kasache. Später hörte ich, dass er sehr bekannt war, denn seine Pferde waren immer unter den ersten. Seine Zucht war hervorragend und ebenso sein Ruf, sein Name und sein Einfluss.

All das wusste ich nicht, als ich ihn sah, aber ich spürte es. Er stand regungslos da, trug einen langen, schwarzen Samtmantel mit kasachischer Stickerei, einen schwarzen kasachischen Hut und strahlte eine Autorität aus, wie ich es noch nie zuvor erlebt hatte.

Auf einmal spürte ich, dass stimmte, was ich in Büchern gelesen hatte, wenn es um große Stammeshäuptlinge, Clanführer und Warlords ging. Diesem Mann haftete ein Flair von Macht, Erfahrung und Würde an, der man sich – ohne es zu wollen – fast automatisch unterordnete. Ich trat auf jeden Fall zur Seite, als er auf einen Mann, vermutlich seinen Sohn, zuschritt, der das Gewinnerpferd am Zügel hielt. Sie sprachen kurz auf Kasachisch, dann schritt der Vater mit geradem Rücken und erhobenem Haupt zu seiner großen kasachischen Jurte, die alle anderen Jurten überragte.

Hier hätte die Begegnung enden können. Aber sie tat es nicht. Wie in einem Märchen trat wenig später ein Mongole aus dem Dorf an mich heran und teilte mir mit, dass der

Kasache mich in seine Jurte einlüde. Ich konnte es kaum glauben und glaubte, mich verhört zu haben, aber es war so. Natürlich gehorchte ich und schlüpfte verschämt hinein, kauerte mich an den Platz der geringsten Ehre neben die Tür und sah mich um: Teppiche, beladen mit Schüsseln voller Essen. Hierfür hatten mehrere Schafe ihr Leben gelassen. Dies war eine Festtafel.

Aber damit noch nicht genug. Der Kasache sah mich und machte mir mit einem Handzeichen klar, dass ich mich weiter nach oben setzen solle, dass mir mehr Ehre zugedacht war. Ich rutschte hoch, saß als einzige Frau zwischen mongolischen und kasachischen Männern, während die kasachischen Frauen noch mehr Essen auf die Teppiche stellten. Ich aß. Es schmeckte köstlich. Ich aß noch mehr.

Und irgendwann verließ ich das Zelt wieder. Der Kasache und ich hatten kein Wort gewechselt. Bis heute weiß ich nicht, was ihn dazu bewegte, mich in seine Jurte einzuladen. Aber ich fühle mich zutiefst geehrt von diesem Mann und empfinde es als ein Vorrecht, ihn getroffen zu haben.

# DER ALTE HIRTE UND WEIHNACHTEN

Da in der Mongolei christliche Feste keine Feiertage sind, feierten wir am ersten Sonntag nach dem 25. Dezember Weihnachten. Der Raum war gut gefüllt und es waren auch einige Leute gekommen, die mir unbekannt waren. Ein Mann fiel mir sofort auf. Er trug einen langen Schafsfellmantel, hohe mongolische Lederstiefel und eine Fellmütze. Er war offensichtlich Nomade, vielleicht siebzig Jahre alt, und hatte vermutlich mehr als 50 Jahre Schafe und Ziegen in der mongolischen Steppe gehütet.

Nun saß er auf dem billigen Plastikstuhl und hörte zu, wie meine Kollegin die Weihnachtsgeschichte erzählte: Von der Volkszählung, der schwangeren Maria, dem Esel und dem Stall. Als sie dann davon berichtete, dass den Hirten ein Engel erschien, sprang der Mann ganz aufgeregt auf und rief: »Oh, das ist mir in meinem ganzen Leben noch nicht passiert! Ja, wenn mir das passiert wäre, da hätte ich aber Angst gehabt. Ein sichtbarer Engel und später noch ganz, ganz viele! Ja, so was!«

Der ganze Raum war still und schaute den alten Hirten an. Und auf einmal wurde die so bekannte Weihnachtsgeschichte lebendig für mich. Er hatte recht. Eigentlich ist es doch zum Staunen, was da in dieser Weihnachtsnacht passiert ist!

Wenn man es sich vorstellt, wird auf einmal total verständlich, dass die ersten Worte des Engels das beruhigende »Fürchtet euch nicht!« sind. Denn wenn wir es wirklich bedenken, wer würde auf die Erscheinung eines Engels mit Gelassenheit reagieren?

Wenn ich nun die Weihnachtsgeschichte höre, muss ich immer an den alten Hirten denken. Dann versuche ich die Geschichte so zu hören, als wäre es zum allerersten Mal.

# WINTERVORRAT

In meiner Schulzeit hatte ich gelernt, dass die Industrialisierung die Arbeitsteilung und damit die Entfremdung mit sich brachte; einen Zustand, in dem der Mensch nicht mehr den Ursprung eines Produktes kennt, sondern nur noch einen Teilschritt oder das Endergebnis. In der Theorie hatte ich das zwar verstanden, aber was es damit wirklich auf sich hatte, begriff ich erst in der Mongolei.

Um Wasser zu haben, mussten wir zum Fluss oder zum Brunnen gehen. Um Wärme zu produzieren, mussten wir Feuer machen. Um Filz zu erhalten, musste man Schafe scheren, die Wolle säubern, kämmen und klopfen. Milch bekam man nur, wenn man Yaks oder Ziegen molk. Wollte man Quark oder Käse, musste man die Milch stampfen oder pressen. Wollte man Leder, musste man einem Tier die Haut abziehen und gerben. Alles mühsame Prozesse mit viel, viel Handarbeit.

Fleisch durfte in keinem Essen fehlen. Dieses Fleisch kauften wir in der Regel auf dem Markt. Aber in den Dörfern und bei den Nomaden in der Steppe gab es keinen Markt. Und da die Tiere nach dem Sommer am besten genährt sind und der Winter eine kostenlose Gefriertruhe schenkt, legen sich die Menschen im Herbst einen Wintervorrat an. Meistens tun sie das im Oktober, wenn bereits Frost herrscht und man sicher sein kann, dass das Fleisch in der Nacht gefriert und tagsüber nicht auftaut.

Je nach Familiengröße werden dafür zwischen zehn und zwanzig Schafe und Ziegen geschlachtet. Ich hatte zwar schon öfters gesehen, wie ein Schaf geschlachtet wurde, aber der Tag des Wintervorrats traf mich völlig unvorbereitet. Ich hatte ausgeschlafen, war in Ruhe aufgestanden, trat aus der Jurte, um zur Toilette zu gehen, und da sah ich sie: eine kleine Herde Schafe und Ziegen zwischen den Jurten auf unserem Grundstück. Unsere mongolischen Nachbarn waren eifrig zugange. Messer wurden geschliffen, Plastikschüsseln zusammengesucht, Wasser geholt, Feuer gemacht.

Ich schaute mich um und mir wurde mit einem Mal bewusst, was da in den nächsten Stunden passieren würde. Schlachten und Zerlegen ist Männersache. Die Frauen sind für die Verarbeitung zuständig. In den nächsten Wochen würde es hauptsächlich Innereien zum Essen geben.

Obwohl ich das Fleisch im Essen aß und es mir gut schmeckte, verzog ich mich an diesem Tag. Die Tiere auf meinem Weg zum Plumpsklo so lebendig um mich zu haben und zu sehen, wie schnell eben noch lebendige Augen matt und dann starr wurden, der Geruch des Blutes und das Geräusch der Haut, die abgezogen wurde; das alles war mir nach einer gewissen Zeit unerträglich.

Ich floh und kam erst am späten Nachmittag wieder. Auch wenn das Grundstück nun ruhig vor mir lag, zeugten die vielen abgetrennten Hufe noch deutlich von dem, was heute geschehen war. Es war nicht schön, aber ich fand es richtig und gut, das mal gesehen zu haben. Vielleicht wäre es gut für jeden, der kein Vegetarier ist.

# DER WAHLTAG

Wir verbrachten den Sommer bei einer Nomadenfamilie, tief im Altaigebirge in über 2 000 Metern Höhe. Hinter uns Berge mit schneebedeckten Gipfeln, neben unserer Jurte ein rauschender Fluss, den man nur von Stein zu Stein springend überqueren konnte; um uns herum grunzende Yaks, Schafe, Ziegen und einige Pferde.

Das Oberhaupt der Dreigenerationenfamilie hatte uns eingeladen, als er dankbar und erleichtert in einem Krankenhauszimmer saß. Er war aus den Bergen ins Bezirkszentrum gekommen, weil er so schlecht hörte und erfahren hatte, dass wir Hörgeräte verteilten. Es stellte sich heraus, dass er gar kein Hörgerät brauchte. Wir mussten lediglich seine Hörgänge von einer Menge Ohrenschmalz säubern. Also hatte er uns nach der Behandlung freudestrahlend eingeladen und wir hatten sie angenommen.

Es war etwas Besonderes, einige Wochen mit dieser Familie zu verbringen und das alltägliche Nomadenleben zu teilen.

In diese Zeit fiel die Wahl des neuen Präsidenten und der führenden Partei. Alle Bürger über 18 Jahre durften wählen. Männer wie Frauen, Städter wie Landbewohner und auch Nomaden mitten in der Gobiwüste oder im Altaigebirge. Was für eine große organisatorische Aufgabe!

Die Mongolei ist flächenmäßig das zehntgrößte Land der Welt, aber gleichzeitig das mit der geringsten Bevölkerungsdichte. Dort leben nur zwei Menschen auf einem Quadratkilometer, Kinder mitgerechnet. Insgesamt also weniger als zwei Millionen Wähler.

Aber die Russen hatten gute Arbeit geleistet. Es gab Provinzen, Bezirke und, Kreise. In allen waren Leiter eingesetzt und die verschiedenen Parteien vertreten. Es gab auch Wählerlisten. Zwar gab es viele Leute, die in einem Kreis gemeldet waren, sich aber in einem anderen aufhielten, doch man hatte alles unter Kontrolle. So viele Leute waren es ja nicht.

Natürlich wussten die Menschen in den Bezirken und Kreisen ganz genau, wer welche Partei unterstützte, aber es gab auch immer Unentschiedene und so gab es auch Wahlwerbung. Im Provinzzentrum hatte ich bei der vorherigen Wahl bemerkt, dass diese Werbung vor allem darin bestand, laute Musik von den verschiedenen Parteigebäuden schallen zu lassen. Daher war ich erleichtert, dieses Mal die Wahlzeit auf dem Land zu verbringen. Aber auch hier wurde man umworben. Obgleich allgemeiner Benzinmangel herrschte, hatten die Parteijeeps trotzdem so viel Sprit, dass sie bis zu uns aufs Land kamen. Mit von Weitem sichtbaren, im Wind wehenden Parteifahnen kamen sie angerauscht, fuhren durch den Fluss und besuchten nicht nur unsere mongolische Gastfamilie, sondern auch uns. Als wir ihnen mitteilten, dass wir gar nicht wählen durften, gaben sie uns trotzdem das Werbematerial, das viele schöne Fotos enthielt, tranken Tee mit uns und fuhren dann weiter zu nächsten Nomadenfamilie.

Am Wahltag wurden wir als Babysitter eingesetzt. Die fünf Erwachsenen überließen uns die Kinder, stiegen in die Sättel und machten sich per Pferd auf zur Wahljurte, die irgendwo mitten in der Steppe – von allen Nomaden gut erreichbar – aufgestellt worden war. Dort erwarteten sie ein Repräsentant jeder Partei, die Wahlunterlagen und eine Person, die den Wählern nach der Wahl am Fingernagel des Zeigefingers eine Markierung anbrachte. Somit konnte jeder sehen, wer schon gewählt hatte. Das war sicherlich eine Methode, die in einer Schamkultur die Wahlbeteiligung erhöht. Aber vor allem war es dazu gedacht, dass Menschen in einem Land, in dem das Umherziehen sozusagen im Blut steckte, nicht an zwei Orten ihre Stimme abgaben.

Ich fand es ein beeindruckendes Erlebnis und hatte das Gefühl, Demokratie live zu erleben. Auf Kreisebene, wo jeder jeden kannte, war das sicherlich auch der Fall. Die Erwachsenen unserer Gastfamilie waren fröhlich von der Wahl gekommen, hatten genau sagen können, wer wen gewählt hatte und wie die Wahl im Kreis ausgegangen war. Noch glaubte ich also, wenn nicht an eine geheime, so doch an eine allgemeine, demokratische Wahl.

Aber die Desillusion kam am Abend während der Nachrichten aus der Hauptstadt. Da war von Aufruhr die Rede, von einem Anschlag, von jungen Erwachsenen, die wegen Wahlbetrugs Steine warfen, und davon, dass das kommunistische Parteigebäude in Brand gesteckt worden war.

Wir waren verwirrt und wollten mehr wissen, aber schon eine Stunde später war der Ausnahmezustand verhängt und damit Medienzensur. Wir bekamen nur noch das mit, was die kommunistische Partei die Bevölkerung wissen lassen wollte. Diese Informationen waren so eindeutig gefärbt, dass man sie nicht wirklich glauben konnte.

So saßen wir da mitten im idyllischen Altaigebirge, neben uns der rauschende Fluss, umgeben von grunzenden Yaks, Schafen und Ziegen, und hatten keine Ahnung, was sich gerade in der Hauptstadt abspielte. Wir wussten nichts von Ausgangssperre, Festnahmen und Toten. Das alles erfuhren wir nur vereinzelt von Leuten, die in unserer Jurte haltmachten und aufgrund eines Telefons Kontakt zu Menschen in der Hauptstadt hatten. Genaueres erfuhren wir erst Wochen später, als wir wieder im Provinzzentrum und noch später in der Hauptstadt selbst waren.

Zwei Dinge sind mir damals klar geworden: Erstens: Wie groß der Unterschied zwischen Stadt und Land wirklich ist. Und zweitens: Wie wichtig es ist, mehrere und unabhängige Medienkanäle zu haben, um wenigstens annähernd objektive Nachrichten zu erhalten.

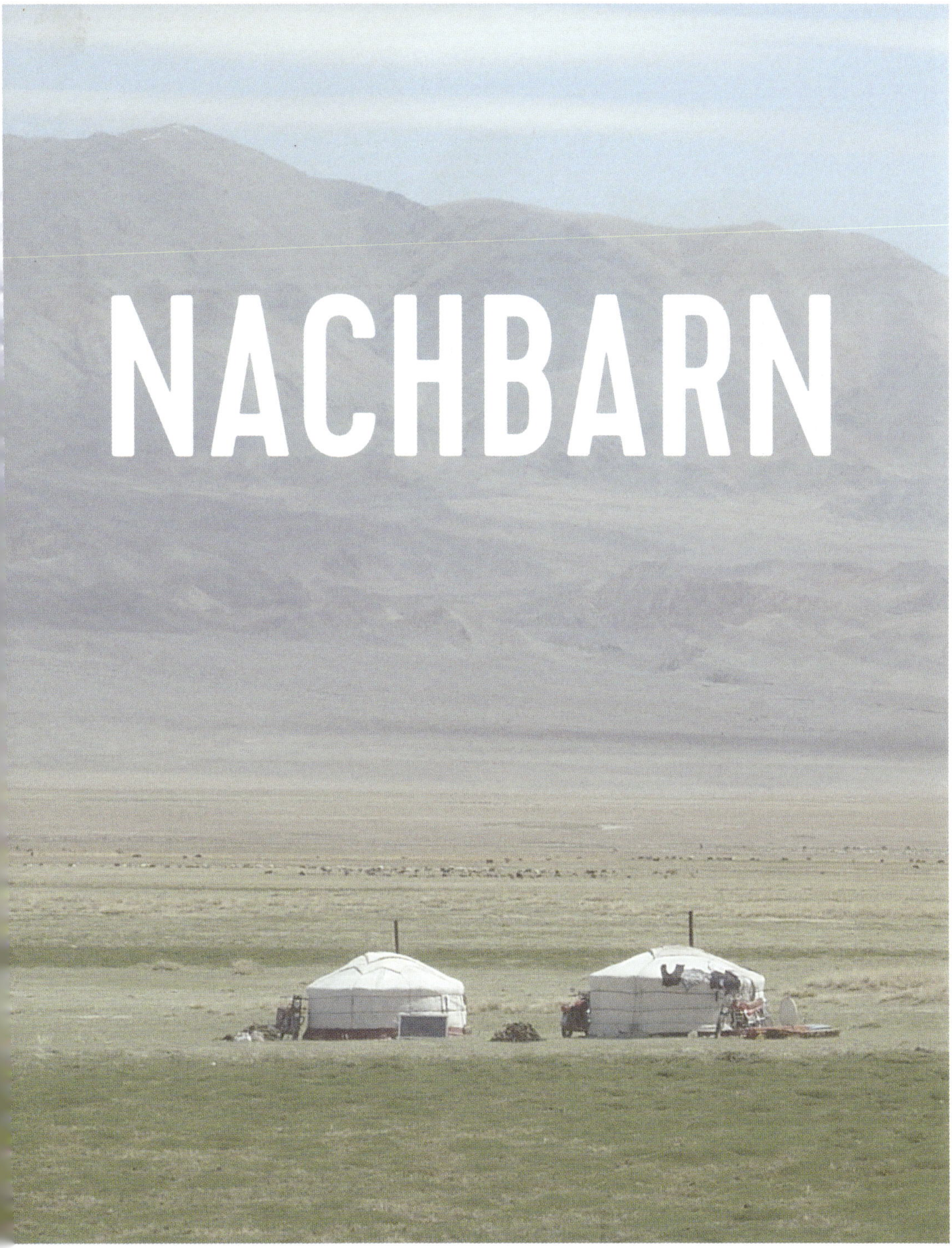
NACHBARN

# DER BETRUNKENE

Normalerweise ist Wasserholen Kindersache. Aber es kommt auch vor, dass die Eltern, Tanten und Onkel gehen, vor allem wenn 40-Liter-Kannen gefüllt werden müssen.

Da wir keine Kinder hatten und nur im Notfall die Nachbarskinder anstellten, gingen wir meistens selbst zum Brunnen. In der Mongolei ist der Brunnen ein nachbarschaftlicher Treffpunkt. Trotzdem redet man oft nur so lange miteinander, wie man gemeinsam in der

Schlange steht. Denn zum Verweilen ist das Wetter acht Monate im Jahr zu kalt. Der Boden rund um den Wasserschlauch war daher auch oft mit Eis bedeckt.

Eines Tages kam ich zum Brunnen und sah, dass ein Mann direkt neben dieser Eisfläche lag. Niemand half ihm. Ich stellte meine Kannen ab und trat auf ihn zu. Denn ich dachte, er sei vielleicht ausgerutscht und habe sich dabei verletzt.

»Der ist nur betrunken«, teilte mir jemand in der Schlange mit.

Und so war es: Der Mann war so betrunken, dass er nicht mehr gehen konnte und einfach auf die Straße gefallen war. Nun lag er da und schlief seinen Rausch aus.

Dies ist keine Seltenheit, doch das mongolische Klima ist nicht gerade geeignet, um seinen Rausch auf der Straße auszuschlafen. Jede Nacht erfrieren Betrunkene. Manche Männer überleben die Kälte zwar, aber ihre Finger sind abgefroren und müssen amputiert werden. Ohne Finger verlieren die Männer ihre Arbeit, die Familie verliert das Einkommen des Mannes und hat stattdessen einen Alkoholiker daheim sitzen, der trinkt und nicht selten um sich schlägt.

Ich hatte solche Geschichten zu Genüge gehört. Und da lag wieder einer im Suff. Einer, der seine Verantwortung als Mann, Vater und Mitglied der Gesellschaft nicht wahrnahm. Der vermutlich nicht nur nicht selbst arbeitete, sondern gerade auch noch das Gehalt seiner schwer arbeitenden Frau vertrank. Er lag hier am Brunnen und war alles andere als ein Vorbild für die Kinder, die hier Wasser holten.

Ich war wütend. Aber den Mann so auf dem Eis liegen lassen konnte ich auch nicht. So tat ich, was ich schon oft getan hatte: Ich rüttelte und schüttelte ihn, um ihn zu wecken, schlug und rief und versuchte, den schweren Körper aufzurichten. Doch mit all seiner Schwere glitt er mir aus den Händen und schlug wieder aufs Eis. Ich wurde immer wütender auf diesen Mann, auf den Alkohol und auf die Tatsache, dass Wodka dank der Russen gesellschaftsfähig und Betrunkene ein alltäglicher Anblick waren. Ich fühlte einfach nur Zorn auf diesen Mann, diesen Versager, der nicht aus seiner Betrunkenheit aufwachen wollte.

Plötzlich schoss mir ein Gedanke durch den Kopf: »Birte, ich liebe diesen Mann und bin für ihn gestorben.«

Meine Schimpftirade verstummte. Schlagartig änderte sich meine Einstellung.

Ich versuchte noch immer, den Mann aufzuwecken, aber mit weniger Aggressivität. Auf einmal waren auch Leute da, die ihn kannten und vermutlich zu seiner Familie gehörten. Mit gekonnter und gewohnter Bewegung nahmen sie den schlappen Körper zwischen sich und schleiften ihn nach Hause.

Ich nahm meine Kannen, stellte mich in der Schlange an, holte Wasser und kehrte zurück in meinen Alltag. Aber diesen radikalen Perspektivwechsel habe ich nie vergessen.

# GEBET FÜR EINE WITWE

Ich kannte sie nur flüchtig. Sie war Englischlehrerin und hatte regelmäßig Kontakt zu den Amerikanerinnen, die an der Universität unterrichteten. Ein, zwei Mal war sie auch bei uns im Gottesdienst gewesen. Sie war in meinem Alter, verheiratet und hatte zwei Kinder.

Ich war gerade zu Besuch bei einer der amerikanischen Lehrerinnen, als ich erfuhr, dass der Mann dieser Frau plötzlich verstorben sei. Sie sei jetzt im Lehrerwohnheim und plane, noch diese Woche mit ihren Kindern in die Hauptstadt zu ziehen. Wir zögerten nicht lange, zogen unsere Jacken an und gingen zum Lehrerwohnheim.

Die Wohnung bestand aus anderthalb Zimmern und war mit Frauen allen Alters gefüllt. Sie saßen um einen Tisch, auf dem verschiedene mitgebrachte Speisen standen. Es wurde gesprochen, gegessen, neues Essen aufgetischt. Die Englischlehrerin saß mit verweintem Gesicht ebenfalls am Tisch. Wir traten zu ihr und sprachen ihr unser Beileid aus. Sie nickte, sagte kurz etwas und fing dann an zu weinen.

»Ganz verständlich«, dachte ich, aber die mongolischen Frauen sahen das anders. Sie solle aufhören zu weinen, davon bekomme sie nur Kopfschmerzen. Sie müsse stark sein, schon wegen der Kinder. Die Witwe betupfte sich die Augen, war stark – wie man es ihr empfohlen hatte – und hörte auf zu weinen. Es tat mir im Herz weh, aber was konnte ich tun? Was war angebracht? Wie trauerte man in dieser Kultur?

Es waren viele Frauen im Raum. Die Witwe war nicht allein, sie musste sich nicht um Essen oder ihre Kinder sorgen, im Herzen litten diese Freundinnen sicher mit. Aber es wurde nicht deutlich gezeigt. Da gab es keine herzliche Umarmung, keine tröstenden Worte, kein Verständnis für sichtbare Trauer.

Ich saß lange in diesem Raum, beobachtete das Geschehen und schaute wiederholt mit mitleidigem Blick zu der Witwe hin, aber ich schwieg. Doch dann hielt ich es nicht mehr aus. Hier war ein Ehemann und Vater gestorben, man musste doch der Trauer und den ganz realen Zukunftssorgen Raum geben dürfen! Ich wagte den Vorstoß und fragte die Witwe, ob ich für sie beten dürfe. Sie sah mich nur stumm an und nickte.

So fing ich an zu beten. In meinem so kläglichen und beschränkten Mongolisch bat ich um Gottes Gegenwart, um Trost und Versorgen, stotterte vor mich hin und fühlte mich als Versager. Ich beendete mein Gebet und die Gespräche wurden wieder aufgenommen. Nach einiger Zeit ging ich. Wenige Tage später zog die Witwe in die Hauptstadt.

Jahre später traf ich sie zufällig wieder und gleich nach der Begrüßung kamen wir auf den Nachmittag damals in Hovd zu sprechen.

»Ich werde nie vergessen, wie du damals für mich gebetet hast,« sagte sie. »In den Wochen danach habe ich es in meinem Herzen getragen und oft nachgesprochen. Und Gott hat geholfen. Ich danke dir sehr für dein Gebet.«

Wie froh bin ich, dass ich damals nicht meinen Mund gehalten habe und dass die Kraft eines Gebets nicht in der Wortgewandtheit des Beters liegt.

# EIN UNERWARTETER HELFER

Es war Oktober, man roch die Kälte bereits, der Winter würde bald mit seinen Minustemperaturen kommen. Nun war es an der Zeit, Kohle für den Winter zu kaufen. Da wir Ausländer genügend Geld besaßen, um die nötigen drei Tonnen Kohle auf einmal zu bezahlen, gab es jetzt drei Tonnen Kohle, die vom Kleinlastwagen in den Schuppen befördert werden mussten. Eigentlich Männerarbeit, aber in unserer Jurte gab es keinen Mann und in unserem Team auch nicht.

Denn die Männer in unserer Organisation waren alle verheiratet. Diese verheirateten Männer hatten allerdings Kinder und die brauchten schulische und medizinische Versorgung. Die war in der Hauptstadt besser gewährleistet als bei uns auf dem Land. Unverheiratete Männer dagegen kamen nur sehr, sehr selten in die Mission. Selbst Praktikanten schafften es in der Regel nicht in die Mongolei. Nach anfänglichem Interesse wurde dann meistens ein anderes Einsatzland gewählt. Ein wärmeres, eins mit mehr Infrastruktur, mit mehr Einwohnern, mehr Sicherheit …

So stand ich selbst auf dem Kleinlaster und arbeitete mich in Rage. Irgendwie musste ich jetzt die schweren Kohlebrocken runterschleifen. Nur wie? Und wie sollte ich sie in den Schuppen befördern? Ich schippte und warf kleinere Kohlestücke auf den immer größer werdenden Haufen vor der Schuppentür. Innerlich hörte ich mich schon wie eine frustrierte Emanze an.

»Männer!«, murmelte ich abwertend, »Ja, wo sind sie denn, wenn man sie wirklich braucht, wenn Mut und Kraft und Männlichkeit gefragt ist?«

»Kann ich helfen?«

In meiner Arbeits- und Männerwut hatte ich nicht bemerkt, dass jemand an den Kleinlaster getreten war. Es war der Nachbar zwei Grundstücke weiter. Er war gerade auf die Außentoilette gegangen und hatte gesehen, wie ich auf dem Laster stand und Kohle schippte. Da hatte er beschlossen, zu kommen und mir zu helfen.

Er wartete meine Antwort gar nicht ab. Er nahm eine zweite Schaufel und half. Wir schippten, wir bauten im Schuppen mit den großen Kohlebrocken eine Wand, stärkten sie mit den kleineren Kohlestücken und füllten den Rest mit Kleinkohle. Er blieb und half, bis die drei Tonnen sortiert und verstaut waren und der Winter kommen konnte.

Natürlich dankte ich ihm mehrfach und voller Erleichterung. Doch er winkte nur ab: Kein Problem, gern geschehen, sei doch logisch.

Von wegen logisch! Mein lieber, guter Nachbar zwei Grundstücke weiter hatte keine Ahnung, dass er mit seinem Erscheinen und seiner Hilfe gerade meine Meinung über die Männerwelt gerettet hatte.

# DIE SPÄTE BRAUT

Sie war unsere Nachbarin. Sie war über dreißig, unverheiratet und lebte als »alte Jungfer« in der Familie ihrer Schwester. Sie war schweigsam, man bemerkte sie kaum. Manchmal kam sie in unsere Jurte, setzte sich auf einen der kleinen Hocker, nahm den Tee entgegen, trank, schwieg, trank, schwieg weiter und ging irgendwann wieder. Nur ab und zu war sie deutlich hörbar. In den Momenten, wenn sie laut klagte. Ich habe nie die Gründe ihres Klagens erfahren, aber hin und wieder kam es vor, dass sie jaulend, schreiend und weinend über unser Grundstück lief und ihr Leid in die Welt hinausschrie.

Die ersten Male stürzte ich verwirrt, erstaunt und entsetzt aus der Jurte, aber sie wollte niemanden an ihrer Seite. Sie wollte klagen und irgendwann war es dann auch wieder gut. Und so war sie eben die schweigsame, unverheiratete Schwester der Nachbarin, die ab und zu laut klagte. Man nahm sie kaum wahr.

Eines Tages verbreitete sich die Nachricht, dass sie schwanger von dem Pferdezüchter sei, der schräg hinter uns wohnte. Er war ein stattlicher, dicker Mann und ich rechnete es ihm hoch an, dass er bei seinem ersten offiziellen Besuch als Verlobter auch in unsere Jurte kam, um sich uns Ausländern vorzustellen. Als er hörte, dass unsere Jurtentür nicht richtig schloss, schaute er sich das Ganze kurz an, setzte sich auf den Boden und trat so gewaltig gegen den Türrahmen, dass die ganze Jurte erzitterte. Danach schloss die Tür hervorragend. Das war also der zukünftige Bräutigam.

Die Hochzeit wurde bald darauf gefeiert und obwohl ich bereits einige Hochzeiten als Gast erlebt hatte, bekam ich diesmal das Fest aus der Innenperspektive mit. Ich gehörte schließlich sozusagen zur Familie der Braut. Erneut staunte ich darüber, wie unterschiedlich man feiern kann.

In der Mongolei geht es bei einer Hochzeit nämlich nicht um das Brautpaar. Nein, da geht es um den Zusammenschluss zweier Familien, die in der Zukunft verpflichtet sind, sich gegenseitig zu helfen und beizustehen.

So war es auch bei dieser Hochzeit. Die ersten Stunden der Hochzeitsfeierlichkeiten bestanden für die Braut daraus, im Kochzelt Karotten und Kohl zu schnippeln. Im Festzelt saßen die Familienältesten, tranken, aßen und sangen. Irgendwann wurde es dann lebendig im Kochzelt, die fleißige Braut sprang auf, wusch ihre Hände, fuhr sich mit den Fingern durchs Haar, zog sich ihren Seidendeel an und ging ins Festzelt, wo sie neben ihrem zukünftigen Mann auf einer Holzbank zu sitzen kam.

Dann hielten die Familienältesten lange Reden über das Leben und erlernte Weisheiten und danach gab es Geschenke. Das waren allesamt äußerst praktische Geschenke: Teppiche, Geschirr, Töpfe, Bilder, Matratzen – eben alles, was man in einer neuen Jurte, einem neuen Haushalt braucht.

Nach dieser Zeremonie, die beide Brautleute fast schweigend und in keiner Weise freudig strahlend hinter sich gebracht hatten, durften sie wieder gehen. Die Braut ins

Kochzelt, der Bräutigam nach Hause, denn vor ihm lag noch die Aufgabe, seine Braut im Morgengrauen abzuholen. Das tat er dann auch. Nachdem die Hochzeitsgäste noch einige Stunden essend, singend und trinkend verbracht hatten, kam er mit einem Lkw aufs Grundstück gefahren. Die Braut und die Geschenke wurden aufgeladen, dann wurde die Braut winkend verabschiedet.

Es war ihr Auszug aus der Familie, dem Wohngelände, dem Status als Unverheiratete. Kurz nachdem sie verschwunden war, stiegen alle Gäste ebenfalls in ihre Autos und fuhren zu der neuen Jurte, dem neuen Zuhause des Brautpaares. Dort vollzog sich dann das Hochzeitsritual. Die Brautleute schritten über die Schwelle der Jurte und die Braut kochte für alle Gäste Milchtee. Eine Sache, die sie schon tausendmal in ihrem Leben gemacht hatte, aber dieses Mal zitterten ihre Hände und noch immer lächelte sie nicht.

Danach war die Hochzeit vorbei. Jeder ging müde nach Hause. Eine neue Familie war etabliert. Wenige Monate später kamen gesunde Zwillinge auf die Welt. Ob diese späte Braut glücklich wurde? Ich wünsche es ihr sehr.

# DAS ZEUGNIS DER OMA

Sie war eine Frau, mit der ich kaum Gespräche führte, da ich sie bis zum Ende wegen ihres starken Dialekts nicht verstand. Wir wohnten auf demselben Gelände, waren engste Nachbarn und gehörten nach mongolischem Verständnis zu einer Familie. Sie war neben dem Hund der stabile Faktor auf unserem Gelände. Wir Ausländer fuhren regelmäßig in Dörfer, in die Hauptstadt oder zu Heimataufenthalten. In den anderen beiden Jurten wohnten zwar immer ihre Kinder, aber welche es jeweils waren, das wechselte.

Ihre Geschichte habe ich nur nach und nach erfahren, aber sie hört sich an wie aus »Tausendundeine Nacht«. Sie war eine geraubte Braut. Ihr Mann hatte sie entführt und obwohl sie von einem anderen Mann schwanger war, blieb ihr nicht viel anderes übrig: Sie heiratete ihren Entführer. Alles ganz offiziell.

Das erste Kind war also von einem anderen Mann, die anderen acht hatten denselben Vater. Sie arrangierte sich mit diesem Leben als mongolische Frau und mit der Zeit – mit neun verheirateten Kindern, unzähligen Enkelkindern und einigen Urenkeln – war sie die Ehrenperson einer Großfamilie.

Man sah ihr das nicht an. Sie fütterte den Hund, sie war da, wenn die Enkel von der Schule kamen, und kochte Tee. Sie fegte den Hof, sie knotete Knöpfe und gerbte Felle. Aber sie hatte ihre Sippe in der Hand. Ihre Kinder, Schwiegersöhne, Töchter und Enkel waren regelmäßig zu Besuch, organisierten Kohle und Wasser für sie; wichtige Angelegenheiten wurden mit ihr besprochen. Obwohl sie in der Regel eine ruhige Frau war, konnte ihre Stimme auch schneidend Befehle über das Gelände rufen. Dann tat man besser, was sie befohlen hatte.

In vieler Hinsicht war es für mich höchst interessant und lehrreich zu sehen, wie in einem Land, in dem es keine Alten- und Pflegeheime gibt, Großfamilie und der »Generationenvertrag« funktioniert. Ich sah viel Würde und viel Gemeinschaft. Diese Frau hatte bis ins hohe Alter etwas zu tun und immer Menschen um sich herum, die sie an der Welt Anteil nehmen ließen.

Uns Ausländer hatte sie anfänglich – vermutlich mit viel Verwunderung – ertragen, beobachtet, akzeptiert und schließlich ins Herz geschlossen. Aber nicht nur uns. Nach einigen Jahren stiller Beobachtung entschied sie sich, mit in die Gemeinde zu kommen und an Jesus zu glauben.

In unserer Gemeinde war es Gewohnheit, dass die Menschen, die sich taufen ließen, kurz etwas aus ihrem Leben berichteten, etwa wie sie dazu kamen, nun den Rest ihres Lebens mit Jesus leben zu wollen. Am Tag ihrer Taufe war ich daher sehr gespannt auf ihren Beitrag. Ein Leben, in dem Buddhismus und Schamanismus – trotz des offiziell kommunistischen Landes – die prägenden Religionen waren, ein Leben als Nomadin, als entführte Braut – was würde sie wohl erzählen?

Sie stand langsam auf, stellte sich vor die Gemeinde und sagte kurz und knapp: »In meinem Leben war es sehr dunkel. Jetzt glaube ich an Jesus und das ist gut.«

Dann setzte sie sich wieder hin.

Sie starb, als ich auf Heimataufenthalt in Deutschland war. Augenscheinlich plötzlich, aber in Wirklichkeit hatte sie vermutlich schon lange Schmerzen und diese stumm ertragen. Als sie dann doch irgendwann zum Arzt ging, war der Krebs schon so weit fortgeschritten, dass nichts mehr zu machen war. Ich wäre gerne in den letzten Tagen bei ihr gewesen.

# WEIHNACHTEN IM SCHUHKARTON

Ich lernte »Weihnachten im Schuhkarton« in meiner Studentenzeit kennen. Schuhkartons, die von lieben, freundlichen Menschen mit nützlichen und schönen Dingen gefüllt und dann an Kinder in weniger reichen Ländern verschenkt werden. Das Ganze benötigt eine enorme Organisation, viele helfende Hände und das Ergebnis sieht man bereits auf dem Flyer: ein glücklich in die Kamera lächelndes Negerkind.

Ich stand dem Ganzen zunächst äußerst skeptisch gegenüber und zweifelte daran, ob die Kartons wirklich da ankamen, wo sie nach Aussagen der Organisation ankommen sollten. Unnötig zu schreiben, dass ich selbst nie einen solchen Karton packte und auf den Weg schickte.

Jahre später befand ich mich in Hovd, einem Ort, der vermutlich von vielen als Ende der Welt bezeichnet werden würde. Eines Tages bekamen die Leiter der kirchlichen Gemeinden die Nachricht, dass in wenigen Wochen 100 bis 200 Schuhkartons nach Hovd geliefert würden und sie die Verteilung planen und durchführen sollten.

Ich hatte also völlig danebengelegen. Mein Misstrauen war ungerechtfertigt gewesen. »Weihnachten im Schuhkarton« hatte Hovd, einen entlegenen Winkel in der Mongolei, erreicht.

Dass die Schuhkartons erst im Januar ankamen, stellte kein Problem dar, denn in der Mongolei ist Weihnachten kein Feiertag und man kennt es eigentlich nur aus amerikanischen Filmen. Es war viel sinnvoller, die Schuhkartons zum buddhistischen Neujahr zu verteilen, dem wichtigsten mongolischen Fest, das abhängig vom Neumond Ende Februar oder Anfang März stattfindet.

Der Termin war also schnell festgesetzt, aber die Frage, welche Kinder nun diese begrenzte Anzahl Schuhkartons erhalten sollten, war nicht so einfach zu beantworten. In einer Gruppenkultur, in der entweder alle oder keiner etwas macht oder hat, und an einem Ort, wo jeder jeden direkt oder vom Hörensagen kennt, war die Gefahr groß, durch die Kartons Neid und Unwillen hervorzurufen. Was tun, um wirklich Freude zu schenken und nicht Streit zu provozieren?

Es gab zu viele kinderreiche Familien für die wenigen Kartons. Und wer als arm galt, war eine Frage der Definition und die Gefahr der Korruption und Vetternwirtschaft, dass also die Kartons in die Hände der Einflussreichen und Privilegierten gelangten, nicht zu unterschätzen. Am Ende wurde entschieden, allen Zweitklässlern einen Schuhkarton zu schenken. Dafür reichten die Kartons. Außerdem war das klar definiert und relativ einfach zu organisieren.

Kurz vor dem buddhistischen Neujahrsfest wurden also alle Kinder der zweiten Klassen in eine große Aula eingeladen. Die Jugendlichen und Leiter der kirchlichen Gemeinden führten ein Programm vor und erklärten unter anderem, warum Christen sich gegenseitig zu Weihnachten Geschenke machen. Sie erzählten ihnen, dass Unbekannte aus

Europa und Amerika Schuhkartons nach Afrika und Asien schicken, weil Jesus das große Geschenk Gottes an die ganze Welt ist und man diese Freude teilen will.

Die Reaktionen auf die Schuhkartons waren bei allen positiv. Manch einer zeigte Enttäuschung, als der Inhalt zu sehen war, andere fingen an zu tauschen, aber im Großen und Ganzen waren die Kinder begeistert. Es war ein schöner Anblick, die vielen Kinder mit einem Schuhkarton unter dem Arm und einem fröhlichen Lächeln nach Hause laufen zu sehen. Seitdem denke ich anders über »Weihnachten im Schuhkarton«.

# SPORT

# SCHLITTENFAHREN

Es war mein erster Winter in der Mongolei. Mein Mongolisch war noch sehr rudimentär, aber ich hatte verstanden, dass die Jugendgruppe der einheimischen Kirchengemeinde gemeinsam zum Schlittenfahren gehen wollte. Ich ging mit und freute mich, dem Smog der Innenstadt für eine Weile den Rücken zu kehren. Zudem war ich erleichtert, dass man beim Rodeln – im Gegensatz zu einem Bibelkreis – nicht viel reden würde.

So war es dann auch. Ich redete wenig und erlebte viel, denn auch beim Schlittenfahren zeigt sich die mongolische Mentalität. Naiv hatte ich mich für die erste Abfahrt hinter einem Mongolen auf den Schlitten gesetzt und erwartet, dass wir den belebten Hang rücksichtsvoll hinabfahren würden.

Das war nicht der Fall. In einem rasanten Tempo ging es – ohne zu bremsen und ohne zu steuern – den Berg hinab. Ich wurde auf dem Schlitten hin und her geworfen, krallte mich an meinen Vordermann und konnte aufgrund der Geschwindigkeit kaum atmen. Ruckzuck waren wir unten angekommen und hatten erstaunlicherweise niemanden umgefahren.

Ich war noch ganz benommen und beschloss, mir das Treiben erst einmal in Ruhe anzusehen. Es war unglaublich. Der Fahrer setzte sich auf den Schlitten, hielt sich vorne und hinten mit den Händen am Holz fest, die Beine hopsten bei jedem Buckel hoch und jeder raste mit Höchstgeschwindigkeit den Hang hinab. Das Ganze ähnelte mehr einem Rodeo als Schlittenfahren, wie ich es aus Deutschland kannte.

Da die Beine in der Luft blieben, wurde weder gebremst noch gelenkt. Es war die Aufgabe der Leute, die herumstanden, aufzupassen und wenn nötig dem Schlitten auszuweichen.

Was ich hier an Charaktereigenschaften beobachtete, sollte ich später auch in anderen Bereichen kennenlernen. Mongolen sind mutig, sorglos und in ihrem Tatendrang manchmal rücksichtslos. Einen deutlichen Vorteil hatte diese Art des Schlittenfahrens jedoch. Da man nicht bremste, bekam man auch keinen Schnee ins Gesicht.

# DAS OLYMPISCHE GOLD

Es war reiner Zufall, dass ich am Abend des 14. August 2008 in einem Café am Hauptplatz in Ulaanbaatar saß. Dort fand ein Quizabend statt, aber er entwickelte sich anders als erwartet.

Es fing damit an, dass Autos hupten und vermehrt Menschen auf den Sukhbaatar-Platz strömten. Ich fand es ungewöhnlich und verwirrend, aber nicht beängstigend, da keine Aggression zu spüren war. Was war los? Die Quizfragen traten immer mehr in den Hintergrund, fast jeder schaute nur noch auf den Platz, der sich immer mehr füllte.

Nun kamen mongolische Flaggen dazu, das Hupen und Rufen wurde immer lauter. Die ersten Kaffeegäste standen auf und nach wenigen Minuten standen wir alle auf der nahen Anhöhe und schauten auf den Platz. Ein Mongole sprang auf die Anhöhe neben mich, lachte übers ganze Gesicht und zog eine Fahne hervor.

»Was ist denn los?«, fragte ich.

»Tuvshinbayar hat Gold gewonnen! Im Judo! In Peking!«, antwortete er und wandte sich ab, um die Fahne zu schwenken.

Das erklärte alles. Die erste Goldmedaille für die Mongolei bei einer Olympiade! Die flächenmäßig so große Mongolei hat die niedrigste Bevölkerungsdichte der Welt und zum ersten Mal in der olympischen Weltgeschichte hatte sie alle anderen Länder besiegt und Gold geholt. Im Judo, das dem mongolischen Ringen ähnlich ist.

Das ganze Volk feierte. Es wurde gesungen und getanzt, Fahnen wurden geschwenkt, die Straßen waren verstopft; jeder, den man sah, freute sich. Es war ein seltener Moment allgemeiner Fröhlichkeit und Leichtigkeit.

Dann trat tatsächlich der Präsident auf die Stufen vor dem Regierungspalast und wurde bejubelt.

Ich konnte es nicht fassen. Noch vor sechs Wochen hatte er sich verstecken müssen und ein Taxifahrer hatte sich erst letztens bei mir lautstark über ihn beschwert, weil er in Peking bei der Eröffnungsfeier der Olympiade die Mongolei als Präsident repräsentiert hatte, obwohl ihn niemand im Land mehr zum Präsidenten haben wollte. Er galt als Wahlbetrüger und bestechlich. Man munkelte sogar, er habe fünf Menschen auf dem Gewissen!

Nur wenige Meter vom Platz entfernt befand sich das noch immer verrußte kommunistische Parteigebäude. Vor sechs Wochen hatte es hier nach der Wahl einen Aufstand gegeben, Steine wurden geworfen, das Gebäude in Brand gesteckt, jene erwähnten fünf Menschen starben. Es war der Beginn des Ausnahmezustands gewesen, der Zensur von Fernsehen und Zeitung. Über die Medien erfuhr man wochenlang nur die Version der kommunistischen Partei. Gemüter brodelten, Menschen saßen unschuldig im Gefängnis, die Sorge um sie stand ihren Angehörigen ins Gesicht geschrieben.

Doch heute wurde plötzlich Champagner getrunken, Menschen umarmten sich, der Präsident wurde bejubelt. Ich stand noch immer auf der Anhöhe des Cafés und dachte: »Politisch gleicht die Mongolei doch sehr einem Teenager. In dem einen Moment zu Tode betrübt und im nächsten himmelhoch jauchzend.«

Dann dachte ich an Deutschland und fragte mich, ob wir in Deutschland dann einer alten Dame ähneln – mit unseren festen Strukturen und Gesetzen? Einer alten Dame, bei der alles viel langsamer und gesetzter läuft, die im Korruptionsindex aber 100 Plätze vor der Mongolei liegt?

Über diese Gedanken habe ich lange nachgedacht und mir wurde klar: Müsste ich wählen, ich würde mich für die alte Dame entscheiden.

# DER WETTKAMPF

In meiner Kindheit waren die Zeiten der Olympischen Spiele Höhepunkte, das Motto »Möge der Bessere gewinnen« prägte mein Empfinden von Gerechtigkeit und Sportmoral. In einer Kultur, in der grundsätzlich nach Leistung, nach Richtig und Falsch, nach Gut und

Böse gehandelt und bewertet wird, mag das passen. Aber nicht in einer Kultur, in der es um Beziehungen geht. Denn da steht die sportliche Leistung eben nicht obenan, sondern sie ist dem höheren Gut der Harmonie untergeordnet.

Das wurde mir klar, als ich eines Tages Zeuge eines Taekwondo-Wettkampfes wurde. Meine Teamkollegin und ich hatten den Verein durch Zufall gefunden und eigentlich nur deshalb vorbeigeschaut, weil es internationales Taekwondo war und sich der Verein in demselben Plattenbau befand wie die Wohnung eines Teamkollegen. Wir wurden freundlich als neue Mitglieder aufgenommen und es machte uns Freude, uns sportlich zu betätigen, junge Mongolen kennenzulernen und mit ihnen gemeinsam aktiv zu sein. Wettkämpfe gehörten zu ihrem Alltag, sie reisten sogar bis nach Kasachstan, aber wir »alten Damen« machten da nicht mit, bis ein Wettkampf in Hovd – sozusagen vor unserer Haustür – stattfinden sollte.

Meine Kollegin schrieb sich als Wettkampfteilnehmerin ein, doch bei mir war von vornherein klar, dass es niemanden in meiner Gewichtsklasse geben würde. Also fragte man mich, ob ich nicht wenigstens als Schiedsrichter dabei sein könne. Ich wollte nicht, denn was wusste ich schon von Taekwondo? Ich sagte also ab, aber meine Vereinskollegen ließen es nicht gelten und irgendwann gab ich nach. Es sollte ein Fehler sein.

Nur ein Kampf mit mir als Schiedsrichterin neben der Matte war nötig, um zu offenbaren, dass ich wirklich wenig Ahnung von den Regeln hatte. Also wurde ich dort nicht mehr eingesetzt. Der Versuch, mich als Zeitschiedsrichter zu gebrauchen, scheiterte ebenfalls, da ich viel zu genau auf die Zeit achtete. Man hatte mir gesagt, ein Kampf dauere 90 Sekunden. Daher dachte ich, meine Aufgabe sei es, nach exakt 90 Sekunden abzupfeifen. Irrtum! Die Zeit hing nicht von der Uhr ab, sondern von dem, der sich auf der Matte befand, und von links und rechts bekam ich von Trainern und Leitern aller Art Anweisungen, die 90 Sekunden zu verkürzen oder zu verlängern.

Da ich nicht nur den Wettkampf, sondern auch dieses Zeitspiel nicht verstand, wurde mir kurzerhand die Uhr aus der Hand genommen und für den Rest des Tages war ich nur Zuschauerin. Eine Zuschauerin, die im Laufe der Zeit zur erfolgreichen Lottospielerin wurde. Es war nämlich so: Je nachdem, welcher Trainer beleidigt seinen Stift hinwarf oder welcher Kämpfer beleidigt auf der Matte sitzen geblieben war, konnte man im Voraus sagen, wer den nächsten Kampf gewinnen würde. Denn so wurde die Harmonie unter den Vereinen wiederhergestellt. Die Plätzeverteilung war für mich daher ein trauriger Witz und ich boykottierte die Siegerehrung, indem ich die Halle vorzeitig verließ.

An diesem schönen und herausfordernden Tag lernte ich: Wenn Beziehungen wichtiger sind als die Wahrheit, dann ist Gerechtigkeit manipulierbar.

# BOGENSCHIEßEN

Als Kind liebte ich Robin Hood und seine Künste im Bogenschießen. Meine mit Kinderhänden selbst gebauten Bögen und Pfeile hatten allerdings nie wirklich funktioniert und so war ich sehr interessiert, als ein Teamkollege mich fragte, ob ich einen Bogen kaufen wolle. Es war ein schöner Bogen, einer aus Horn und Holz, kein künstliches Material. Das Problem war nur, dass ich noch in Ulaanbaatar lebte und es dort keinen Platz zum Bogenschießen gab.

»Das wird sich ja ändern, wenn ich aufs Land ziehe«, dachte ich. Und es stimmte: Platz gab es in Hovd zu Genüge. Doch nun tauchte das Problem auf, dass ich nicht wusste, wie man richtig mit Pfeil und Bogen umgeht. Einfach so ziellos Pfeile in die Weite zu schießen war nicht sehr befriedigend. Es dauerte nochmals zwei Jahre, bis meine mongolische Freundin einen Lehrer an der Universität ausfindig machte, der einmal etwas mit Bogenschießen zu tun gehabt haben sollte. Er war bereit, mich zu unterrichten.

Er hatte schon einmal eine Ausländerin unterrichtet und die habe dann im Sommer bei dem großen Sportfestival *Naadam* den dritten Platz belegt. Sein Ehrgeiz stieß bei mir auf keine Resonanz und sofort sank seine Motivation. Meine Motivation sank einige Tage später. Ich hatte die Sehne, wie es sich für mongolisches Bogenschießen gehört, nicht mit den Mittelfingern gespannt, sondern mit dem Daumen und nun hatte ich jegliches Gefühl im Daumen verloren. Das ärgerte mich. Bogenschießen war den Verlust meines Daumengefühls nicht wert. Ich war froh, als das Gefühl nach Wochen wiederkam, bat den Professor aber nicht um neue Übungsstunden.

So vergingen wieder zwei Jahre und der schöne Bogen lag unbenutzt auf dem Schrank in unserem Büro. Dann kam eine Ausländerin nach Hovd, die viel Initiative und Geld hatte, und ich staunte nicht schlecht, als ich schon bei meinem ersten Besuch hörte, dass sie eine Bogenschießlehrerin gefunden habe und nun regelmäßig übe. Ich durfte mich ihr anschließen und so kam ich doch noch zu diesem lang ersehnten Sport.

Das Bogenschießen machte mir Spaß, es tat oft weh, es forderte mich heraus und es verlieh mir wahre Glücksgefühle, wenn ich das Ziel traf. Es dauerte nicht lange und die Lehrerin sprach ebenfalls von einer Teilnahme beim *Naadam*-Fest. Ich war immer noch nicht interessiert, erstens war *Naadam* – zum ersten Mal 1206 von Dschingis Khan eingeführt – das mongolische Sportereignis schlechthin und zum Zweiten hatte ich von einem Ausländer gehört, der beim Ringkampf mitgemacht und zum Vergnügen der Zuschauer jämmerlich versagt hatte.

Außerdem war ich sehr beschäftigt, denn der Sommer mit seiner langen Pause stand kurz bevor und es gab noch vieles, was vorher erledigt werden musste. Als Letztes stand auf dem Programm ein Jugendwochenende mit Zelten am Fluss. Das Wochenende selbst lief gut, doch was mich erwartete, als wir nach Hause kamen, war schrecklich. Eines der Mädchen hatte seinen Eltern nicht erzählt, dass es am Jugendlager teilnehmen würde. Die Eltern hatten ihre Tochter das ganze Wochenende gesucht und am Ende in meiner Jurte gefunden. Sie waren außer sich, warfen mir Kindesentführung und Gehirnwäsche vor, drohten mit der Polizei und der Schließung unserer Hilfsorganisation und Gemeinde. Sie wollten an die Presse und zum Bürgermeister gehen und dafür sorgen, dass ich in dieser Stadt nicht mehr willkommen sei. Ich war am Boden zerstört. Als mich auf dem Weg zum Duschhaus dann noch ein kleiner Junge fragte, ob ich die Frau sei, die das Mädchen entführt hätte, wusste ich, dass mein Name ruiniert war.

Mit dieser Gewissheit ging ich in den Sommer. Oft lag ich kraftlos auf dem Bett und fragte mich, was kommen würde. Nur zum Bogenschießen ging ich aus dem Haus und schließlich gab ich dem Drängen meiner Lehrerin nach und meldete mich doch zum *Naadam*-Wettkampf an.

Einige Tage vor dem Fest hatte ich auf einmal den Eindruck, ich solle den Bogen und die Pfeile Gott weihen. So etwas liegt mir normalerweise völlig fern und so schloss ich, dass dieser Gedanke von Gott gekommen sein musste. Ich schrieb kurzerhand »soli Deo gloria« auf alle Pfeile und den Bogen, mit der Hoffnung, dass, was immer auch passieren würde, Gott die Ehre durch meinen Einsatz beim Wettkampf erhalte.

Dann war *Naadam*. Für mich war es vor allem ein Sportfest, aber ich erkannte schnell, dass für die Mongolen der Sport sehr eng mit der geistlichen Welt verbunden ist. Das begann damit, dass sie ihre Pfeile über buddhistische Räucherstäbchen hielten. Später bei der Eröffnung sollten alle Sportler um das Ziel, das sich beim mongolischen Bogenschießen auf dem Boden befindet, herumgehen. Ich hatte das starke Gefühl, da nicht mitmachen zu sollen. So blieb ich außen stehen und sah, wie alle meiner Bogenschießkollegen Staub vom Boden aufnahmen und auf ihren Kopf rieseln ließen, um das Ziel schritten und vor sich hin murmelten. Als ich später fragte, was sie dort gemacht hätten, erklärte mir ein Mann, sie hätten die Geister des Bodens beschwichtigt und sie gebeten, die Pfeile ins Ziel zu ziehen.

»So wie du betest, dass dein Jesus deine Pfeile ins Ziel bringt, so haben wir unsere Geister dafür angefleht«, erklärte er mir.

Ich war total verblüfft. Ich hatte Jesus bisher noch kein einziges Mal gebeten, meine Pfeile ins Ziel zu bringen. Aber auf einmal sah ich in meiner »Bogenweihung« einen Sinn. »Nun gut«, dachte ich, »soli Deo gloria!« Der Wettkampf fing an, zehn Runden mit je vier Pfeilen. Ich schoss einen Pfeil nach dem anderen und keiner lachte mich aus. Damit war mein Ziel erreicht. Aber wohl noch nicht Gottes Ziel. Nach acht Runden, dem Ende des ersten Tages, wurde mir mitgeteilt, dass ich mit zwei anderen an erster Stelle stünde. Ich wollte es nicht glauben, hatte ich doch gar nicht so oft getroffen. Aber es stimmte. Die anderen hatten eben auch nicht oft getroffen.

Am nächsten Tag fanden die letzten zwei Runden statt. Es galt acht Pfeile abzuschießen und am Ende waren eine mongolische Frau und ich mit derselben Trefferanzahl auf Platz eins. Nun mussten wir abwechselnd einen Pfeil abschießen. Wer als Erste traf, sollte gewinnen. Wir schossen und schossen, aber trafen beide nicht. Um uns herum standen Trauben von Menschen. Ich hörte, wie jemand hinter mir über mich redete. Das Erstaunliche war, dass sie mich nicht als Ausländerin beschrieb, sondern als »Jesus-Mensch«. Ich schoss weiter und traf. Auf einmal hatte ich das *Naadam* gewonnen.

Das allein war unglaublich. Es war kein sportlicher Sieg, sondern ein geistlicher. Wie damals bei Bonifatius und der Donareiche. Aber noch etwas anderes geschah: Der Bürgermeister, der mich aus Hovd vertreiben sollte, überreichte mir die Goldmedaille. Zeitung und Radio berichteten von mir und jeder, der mich kannte, hatte Anteil an meinem Sieg. Menschen hielten mich auf der Straße, in der Bank und auf dem Markt an, um mir zu gratulieren. Mein Name war wieder reingewaschen, ich gehörte wieder nach Hovd, ich durfte weiter hier sein. Weder unsere Hilfsorganisation noch unsere Gemeinde wurden geschlossen und beim nächsten Jugendcamp durfte das Mädchen mit der Erlaubnis seiner Eltern teilnehmen.

Ich konnte wie Josef sagen: »Was mich betrifft, hat Gott alles Böse, das ihr geplant habt, zum Guten gewendet« (1. Mose 50,20).

# ORTE

# DER SCHWARZE MARKT

Ulaanbaatar ist mit Abstand die hässlichste Stadt, in der ich bisher gewohnt habe. Gebäude, wohin das Auge reicht, aggressiver und nicht enden wollender Verkehr, heruntergekommene Plattenbauten, schlechte Luft, Lärm und vor allem kein Grün. Es gibt tatsächlich nur einen einzigen Ort in Ulaanbaatar, den ich von ganzem Herzen empfehlen kann. Dorthin habe ich jeden meiner Besucher mitgeschleppt, weil ich ihn selbst – außer im Winter – immer gerne aufgesucht habe, den »schwarzen Markt«.

Warum er diesen Namen hat, weiß ich nicht. Es ist der größte und ein ganz offizieller Markt in Ulaanbaatar und er hat definitiv nichts mit Schwarzmarkthandel zu tun. Die wenigen Hallendächer, die der Markt hat, sind blau. Daher kann der Name also auch nicht kommen und ich kann auch nicht behaupten, dass der Markt besonders schmutzig wäre. Das Wort »schwarz« kann im Mongolischen auch für »gewöhnlich« stehen und ich erkläre mir den Namen daher so: Der schwarze Markt ist ein Markt für die gewöhnlichen Leute, die dort die gewöhnlichen Dinge des Lebens kaufen.

Auf dem schwarzen Markt findet man alles, wenn man bereit ist, lange genug zu suchen: Gemüse, Fleisch von Tieren in allen Größen, Milchprodukte – westlich verpackt oder mongolisch getrocknet – sowie Süßigkeiten aus aller Herren Länder. Es gibt dort auch mongolische Kleidung, ausländische Kleidung, Secondhandkleidung, Schuhe und Stoffe. Auch Schreibwaren, Putzmittel und Geschirr, DVDs, Waschbretter, Mäusegift und Angelzubehör kann man dort kaufen. Doch nicht nur das: Sogar Waschmaschinen, Betten, Staubsauger, Jurtenteile und Öfen, ja, selbst Mitfahrgelegenheiten findet man hier. Es gibt dort alles und es gibt alles durcheinander.

Doch wenn man häufig genug auf den schwarzen Markt geht, merkt man entgegen aller Eindrücke, dass das Chaos ein System hat und die Stände immer am gleichen Ort sind und nicht umziehen. Nach einigen Besuchen kann man sich tatsächlich zwischen all diesen Warenangeboten zurechtfinden. Und mit abnehmender Verwirrung steigt der Genuss. So einen Markt kann man in Europa nicht finden. Nicht nur die Warenkombination ist einzigartig mongolisch, auch die Gerüche, die Geräusche und natürlich das Klima.

Sosehr der schwarze Markt im Sommer einen Besuch lohnt, sosehr vermeidet man ihn im Winter. Er liegt in einer Talsenke und ist meiner Erfahrung nach der kälteste Ort der Stadt. Ist ein Besuch im Winter unvermeidlich, zieht man sich so warm an wie möglich, plant genau, was man einkaufen muss und welche Reihenfolge am zeiteffizientesten ist. Und egal, wie schnell man war und wie sehr man sich bemühte, man ist immer durchgefroren und friert den Rest des Tages, wenn man daheim wieder ankommt. Wie die Verkäufer stundenlang auch im Winter durchhalten und überleben, bleibt mir bis heute ein Rätsel. Ja, sie haben dicke Filzstiefel über ihren Schuhen, sind vermummt in dicke Jacken und

Decken, in Mützen und Handschuhe. Sie stampfen und trinken heißen Tee, aber unter dem Strich bleibt wohl nur die Tatsache, dass sie unglaublich zäh sein müssen.

Wie auf jedem Markt gab es auch auf dem schwarzen Markt Diebe und organisierte Diebesbanden. Ihre bevorzugte Technik ist es, einen Marktbesucher als Gruppe einzukreisen, sodass man nirgends ausweichen kann. Dann öffnen sie in Windeseile alle Reißverschlüsse und durchsuchen alle Taschen von Jacke, Hose und Rucksack, um Wertvolles mitzunehmen.

Um diese Diebe auszutricksen, hatte ich drei Methoden. Wenn ich wirklich etwas kaufen musste, hatte ich mein Geld immer in den Socken, ging schnell und resolut von A nach B und kaufte immer zuerst die teuersten Produkte, sodass mein Geld sich automatisch verringerte und jeder deutlich sah, dass ich mich auskenne und keine unwissende Touristin bin. Die zweite Methode wandte ich immer dann an, wenn ich erst mal schauen musste, was ich wollte, oder wenn ich Besucher mit auf den Markt nahm, um in das Flair des Marktes einzutauchen: Ich nahm gar kein Geld mit. Mein Trick Nummer drei war, ungemein aufzupassen, selbst die Schatten der Leute hinter mir zu beobachten, plötzlich in Gänge abzubiegen und auf den geringsten Körperkontakt zu reagieren. Mehrmals erwischte ich Einzeldiebe auf frischer Tat, entwendete einem sogar das Handy, um es gegen mein von ihm zuvor gestohlenes Geld wieder einzutauschen, und habe bei all meinen vielen Besuchen keine nennenswerten Summen verloren. Man muss sich – wie so oft – nicht gegen die Zustände wehren oder sich über sie aufregen, sondern sich auf sie einstellen und den Tanz mit ihnen eingehen.

Der schwarze Markt ist und bleibt eine Perle für mich. Hin und wieder wandere ich in Gedanken durch seine Gassen und Stände und denke mir: »Auch wenn du schwarzer Markt heißt, du bist alles andere als gewöhnlich!«

# DIE OPER

Sie stand – wie es sich nach kommunistischer Stadtplanung gehörte – direkt am Hauptplatz. Treppen, die zum Eingang hinaufführten, griechische Säulen, durch die man hindurchging. Neben dem Eingang eine Holztafel, in die – ähnlich wie bei Liederanzeigetafeln in einer Kirche – das Programm eingeschoben war und jeden Monat ausgewechselt werden konnte. Es gab Oper und Ballett im Angebot, alles bekannte Titel: Schwanensee, Carmen, Giselle, der Nussknacker, Aida, Othello.

Ich hatte die Programmtafel bald nach meiner Ankunft entdeckt, konnte sie aber wegen der kyrillischen Buchstaben nicht lesen. Als mir das gelang und mein Interesse geweckt war, frustrierte mich die stets geschlossene Tür. Wo, ja, wo konnte man Karten kaufen?

Zum Glück hatte ich mongolische Mitbewohnerinnen. Eine hatte das richtige Gespür für die Öffnungszeiten und so fanden wir tatsächlich eines schönen Tages die Tür offen vor. Der Kartenverkauf bestand aus einem kleinen Fenster, durch das man lediglich einen Arm sehen konnte. Man musste sich weit hinunterbeugen, um ein Gesicht zu sehen und das Gefühl zu haben, mit einer Person zu sprechen. Aber es war die Mühe wert. Die Kassenfrauen, von denen man zunächst immer nur den Arm sah, waren durchgehend freundlich.

Doch das Erstaunlichste war: Der Eintrittspreis war für Mongolen und Ausländer der gleiche! Inlandsflüge kosteten für Ausländer oft viermal so viel, in Museen musste man manchmal das Zehnfache bezahlen. Aber die Oper hatte im Sommer, wenn die meisten Touristen kamen, Pause und so war es vermutlich zu mühevoll, unterschiedliche Preise zu verlangen. Tatsächlich sah ich bei all meinen Besuchen nur vereinzelt Ausländer im Publikum.

Es war also unglaublich billig, in die Oper oder ins Ballett zu gehen; gleichzeitig war das, was einem für den fast lächerlichen Preis geboten wurde, phänomenal. Für mich war es jedes Mal ein Abend in einer anderen Welt voller Kunst, Musik und Schönheit.

Es war zugegebenermaßen alter Glanz, aber nichtsdestotrotz: Es gab weiche Sitze, man konnte in der Loge sitzen, auf der Empore oder einem der Ränge. Das Orchester spielte live und erfüllte den Saal mit westlichen Klängen, die meiner Seele so viel vertrauter waren als die asiatische Musik. Die Kostüme sahen aus wie aus den tschechischen Märchen. Und der Tanz war wunderbar klassisch und elegant.

Das Opernhaus wurde mein Fluchtort vor zu viel Sprachstudium und versmogter Stadt. Schwanensee habe ich dort sicher fünfmal gesehen, Carmen dreimal und zudem für mich neue Stücke von Puschkin und Lermontov. Erst hier wurde mir wirklich bewusst, dass Kunst Lebensqualität bedeutet – auf jeden Fall für mich.

# DAS BETT – MEIN RÜCKZUGSORT

In einer Jurte zu wohnen ist für Deutsche schon etwas gewöhnungsbedürftig. Schon unsere Sprache zeigt, wie sehr wir davon ausgehen, die verschiedenen Aspekte unseres Lebens mit verschiedenen Räumen zu verbinden: Wohnzimmer, Schlafzimmer, Badezimmer, Kinderzimmer, Arbeitszimmer, Esszimmer, Küche, Gästezimmer. Hinzu kommen dann vielleicht noch Abstellraum, Wintergarten, Fahrradkeller, Werkstatt, Garage, Hobbyraum und so fort. Eine Jurte vereint alle diese Zimmer in einem. Man tritt ein und ist sofort in der Küche oder im Kaminzimmer, je nachdem, wozu man den Ofen, der in der Mitte der Jurte steht, verwendet.

Rechts neben der Tür steht das Waschbecken, also das Badezimmer. Das Wohn-, Gäste-, Spiel-, Ess- und Schlafzimmer zeichnet sich allein durch unterschiedlichen Bodenbelag aus. In Küche und Bad gibt es leicht zu reinigendes PVC, das bis zu den zwei Dachstützen in der Mitte der Jurte reicht. Ab dort gibt es dann Filzbelag für die Wärme und Teppich für die Gemütlichkeit, da man oft auf dem Boden schläft oder sitzt. Gibt es Betten, werden diese tagsüber als Sitzgelegenheit genutzt. Eine Jurte ist eine faszinierende Konstruktion und das Leben in einer Jurte hat genau wie das Leben in einer Wohnung seine Gewohnheiten, festen Orte und Regeln. Ich habe zwar all die Jahre gerne in einer Jurte gelebt, aber am Anfang war es schon gewöhnungsbedürftig.

Mir machte damals weniger der begrenzte Raum, sondern der Mangel an Privatsphäre zu schaffen. Immer war jemand da und alles, was man tat, war offen und sichtbar für jeden, der gerade in der Jurte zugegen war. Was tun, wenn man das Bedürfnis hatte, sich auszuheulen? Der einzige Raum, in dem man alleine sein konnte, war das Plumpsklo und da vergeht einem das Heulen schnell. Der Kohlenschuppen wäre eine Alternative gewesen, nur hatten wir den in meinen ersten Jahren noch nicht. Im Sommer habe ich mich manchmal hinter die Jurte gesetzt, eine Jacke über den Kopf gezogen und so etwas Privatsphäre geschaffen. Aber toll war das auch nicht und im Winter bei Minusgraden überhaupt nicht möglich.

Mit der Zeit fand ich dann meinen ganz eigenen Platz in der Jurte: mein Bett. Wenn abends die Tagesdecke, auf der Gäste Platz nehmen konnten, entfernt wurde, die Daunendecke aufgeschlagen wurde und ich meine Nachttischlampe – oder besser nur Lampe, denn einen Nachttisch hatten wir nicht – anschaltete, dann waren da zwei Quadratmeter, die nur mir gehörten und in die niemand anders eindrang. Meine Privatsphäre reduzierte sich also, aber sie war noch da.

Irgendwann hatte ich mich als Deutsche an das Leben in einer Jurte gewöhnt. Die Herausforderung stellten nun die Heimataufenthalte dar. Denn dort kam ich mir alleine in einem großen Gästezimmer nun oft ganz verloren vor.

# DAS DUSCHHAUS

Bis zu meinem Leben auf dem mongolischen Land kannte ich öffentliche Duschhäuser nur aus Büchern. Historische Bücher, in denen sich die Menschen nur einmal in der Woche am Samstagabend wuschen, sonntags ihre schönen Kleider anzogen und dann zur Kirche gingen. Daher gehörten öffentliche Badehäuser in Deutschland zu einem Leben einige Generationen vor meinem und ich fand den Gedanken befremdlich, sich nur einmal in der Woche zu waschen.

Der Gedanke stimmt natürlich nur, wenn man »sich waschen« mit »duschen« gleichsetzt. Denn in der Mongolei reinigt man sich durchaus auch unter der Woche, nur ist das etwas aufwendiger. Man holt Wasser vom Brunnen, erhitzt es auf dem Ofen, gießt es in eine Schüssel und wäscht einen Körperteil nach dem anderen. Das spart enorm viel Wasser und sauber wird man trotzdem. Dazu kommt, dass die Mongolei ein trockenes Klima hat. Deshalb schwitzt man eigentlich nie. Das reduziert das Duschbedürfnis gewaltig.

All die Jahre, die ich in einer Jurte lebte, duschte ich mich in der Mongolei im öffentlichen Duschhaus. Einen solchen Besuch plante man in der Regel und freute sich darauf.

Das Duschhaus lag in der Nähe des Marktes und das Wasser wurde dort mit Kohle erhitzt, was gut war, denn der Strom fiel oft aus. Daher lernte ich bald, zum Duschen Streichhölzer und eine Kerze mitzunehmen. Zwar war im Duschticket theoretisch eine Kerze enthalten, aber manchmal waren es nur Stummel. Da der Strom oft erst dann ausfiel, wenn man unter der Dusche stand, wollte man außerdem nicht von einer Kerze »von außen« abhängig sein.

In der Regel betrat man das Duschhaus, in dem gleichzeitig ein Friseur arbeitete, kaufte ein Ticket und stellte sich in der Reihe der Wartenden an. Es hatte tatsächlich etwas von alten Schwarz-Weiß-Filmen. Müde, schmutzige Menschen standen in einer Reihe davor und frische und lebendigere Menschen kamen mit nassem Haar wieder aus den Duschkabinen heraus. Kam man dran, zeigte man den Duschhausfrauen sein Ticket und diese wiesen einem dann eine Kabine zu. Sobald die Tür verschlossen war, fühlte man sich ein wenig wie eine Königin.

Das hatte mehrere Gründe. Erstens hatte man einen Raum ganz für sich alleine. Zweitens konnte man sich in aller Ruhe der vielen Kleiderschichten entledigen, ohne zu frieren. Im Duschhaus war es nämlich immer warm. Das Einzige, was nicht ganz so gemütlich war, war der Dampf, der an der kalten Decke zu Wasser wurde und in Tropfen unvorhersehbar hier und dort auf einen niederklatschte. Aber es war ein kleines Übel, denn es wartete schließlich warmes Wasser auf einen, das nicht abgestellt wurde.

Wenn draußen die Schlange zu lang wurde, klopften die Duschhausfrauen ab und zu an die Tür, aber meistens beendete man selbst das Duschen. Während einem unter dem heißen Wasser endlich wieder durch und durch warm wurde und man sich in aller Ruhe einseifte und abwusch, konnte man manchmal die Leute aus der Familienkabine hören. Schon erstaunlich, was Menschen sich erzählen, obwohl sie wissen müssen, dass mehrere

Ohren lauschen. Man war also nicht nur sauberer, sondern auch um etwas Tratsch reicher, wenn man sich langsam nach dem Duschen wieder in all die Kleiderschichten zwängte.

Einen Föhn gab es allerdings nur beim Friseur, daher zog man sich meist die Mütze übers nasse Haar und los ging's – zurück nach Hause. Dort hieß es erst mal Feuer machen, damit man warm blieb. Nur die Hände, die wurden beim Feuermachen natürlich gleich wieder schmutzig.

# IM GEFÄNGNIS

Neben vielen anderen Projekten hatten wir angefangen, »Charakterschulungen« zu veranstalten. Das Konzept hatten wir von einer anderen Organisation übernommen. Die Schulung vermittelte vor allem Charaktereigenschaften, die für die Teilnehmer, aber auch für die Gesellschaft insgesamt vorteilhaft waren. Dieser Unterricht war sehr beliebt und wir wurden von Schulen, Büros, Polizei und staatlichen Einrichtungen eingeladen. Schließlich bekamen wir sogar eine Einladung ins Gefängnis. Meine mongolische Kollegin, die in diesem Projekt hauptsächlich unterrichtete, war zwar offen dafür, wollte aber nicht alleine gehen. So gingen wir zu dem ersten Treffen als ganzes Team.

Die Straftaten der Gefängnisinsassen waren im Großen und Ganzen eher harmlos. Die Großkriminellen saßen in Ulaanbaatar ein, wo sich außerdem das einzige Frauengefängnis der Mongolei befand. Hier in der Provinz verbüßten vor allem Viehdiebe, Schmuggler und Schläger ihre Gefängnisstrafen.

Das erste Treffen fand in einem der Wintermonate statt. Wir wurden in das große, schicke und warme Büro des Direktors geleitet, wo wir mit ihm und der Sozialarbeiterin ein nettes Gespräch führten. Dann ging es in einen Raum, in dem die Gefangenen versammelt waren; vor und hinter der Tür standen Wächter.

»Gulag« war alles, was ich denken konnte, als wir drei Frauen eintraten. Während wir mit dicken Wintermänteln und festen Schuhen bekleidet waren, saßen vor uns an die hundert kahl rasierte Männer in dünnen Hemden, die Füße teilweise mit Stoff umwickelt. Sie alle sahen schrecklich mager und kränklich aus. Da der Raum nicht geheizt war, sah man ihren Atem.

Wir setzten uns. Der Direktor hielt eine Ansprache über guten Charakter, das Wohl der Gesellschaft, Schande und Scham und ich fühlte mich hundeelend und fragte mich, als selbst mir bei der langen Rede die Kälte langsam die Beine hochkroch, wie sehr die Gefangenen vor mir wohl frieren mussten.

Irgendwann wurde die Versammlung aufgelöst. Uns wurden die Hände geschüttelt und der Chauffeur des Gefängnisdirektors brachte uns in einem eleganten Auto zu unserem Büro zurück.

Wir entschlossen uns, in dem Gefängnis zu arbeiten, und fingen mit dem Charakterunterricht an. Dann weiteten wir unser Bibliotheksprojekt für Nomaden aufs Gefängnis aus und brachten Bücher mit. Wir begannen sogar ein Brief-Seelsorgeprogramm, das aber schnell wieder einging, als klar war, dass alle Briefe gelesen und zensiert wurden.

Da es wenige andere Angebote gab, kamen viele Gefängnisinsassen zum Charaktertraining, unsere Bücher wurden gelesen und an einem Gottesdienst, den wir abhielten, nahmen etliche Gefangene teil. Während dieses Gottesdienstes flog mir bei einem Anspiel versehentlich ein Stuhl, den ich wild schüttelte, aus den Händen und landete auf dem Kopf eines der Häftlinge! Ich war erschrocken. Aber obwohl er direkt eine große Beule bekam, verzieh er mir sofort. Die ganze Gruppe lachte herzlich. Es war ja nichts weiter passiert, im Gegenteil, ich und mein missglücktes Theaterstück boten tollen Gesprächsstoff. Das ist der Vorteil, wenn man mit zähen Burschen zu tun hat.

Das Gefängnis war kein Gulag, wie von mir zunächst angenommen. Dieser erste Eindruck wandelte sich mit der Zeit. Die Bedingungen in dem Gefängnis waren menschlich. Es entstanden vielmehr gute Beziehungen durch diese Gefängnisarbeit. Und wenn später einer der Häftlinge freikam, grüßten wir einander herzlich auf dem Markt.

# DIE BÜCHEREI

Meine Meinung über Entwicklungshilfe hat sich in den Jahren in der Mongolei sehr gewandelt. Je weiter entfernt die verantwortlichen Personen, je größer das bereitgestellte Budget, je kürzer die Stippvisiten ausländischer Gutachter, desto höher die Wahrscheinlichkeit, dass das Projekt nichts bringen wird. Dennoch wurde eins dieser »nutzlosen« Projekte mir und meiner deutschen Kollegin zum Segen.

Es begann mit einer Wahl im deutschsprachigen Raum und einem Politiker, der für Werbungszwecke ein Hilfsprojekt brauchte. Kurzerhand sammelte er Bücher, die Bibliotheken ausrangiert hatten, und bot diese Bücherkisten der Stadt Ulaanbaatar an. Ulaanbaatar hatte jedoch bereits eine deutsche Bibliothek und daher kein Interesse. Somit wandte der Mann sich an die Universität in Hovd und diese nahm die Bücher an. Es gab dort nämlich noch keine deutsche Bibliothek. Warum auch? In der ganzen Provinz lebten nur zwei Menschen, die Deutsch sprechen und lesen konnten, meine Kollegin und ich.

Statt haltbare Schrauben, um die immer wieder herunterfallenden Schultafeln zu befestigen, oder neue Tische und Bänke wurden als offizielles Hilfsprojekt 16 000 Bücher in deutscher Sprache nach Hovd versandt. Dies war eigentlich komplett widersinnig.

Es wurde sogar eine Person angestellt, die diese Bücher katalogisieren und die Bücherei aufbauen sollte. Das Problem war nur, dass diese Person Amerikanerin war und kein Deutsch sprach. So wurden die Bücher nicht nach Themen, sondern nach dem Alphabet sortiert.

Da die Universität nun aber über so viele deutsche Bücher verfügte, wurde beschlossen, Deutsch als Studiengang anzubieten. Kurzerhand mussten die Studenten, die sich fürs Russischstudium angemeldet hatten, nun auch noch Deutsch lernen. Nur die wenigsten waren darüber erfreut. Zudem gab es keine Deutschlehrer. Das sollte sich jedoch ändern. Die Amerikanerin, die als Bibliothekarin beauftragt worden war, die Bewerbungsgespräche für zukünftige Deutschlehrerinnen zu führen, kam in ihrer Verzweiflung zu mir. Ob ich das nicht machen könne, ich spräche doch immerhin Deutsch!

Ich tat es und war von dem niedrigen Deutschniveau der Bewerberinnen schockiert. Wie sollten sie anderen Deutsch beibringen? Trotzdem wurden zwei gegen meine Empfehlung eingestellt, vermutlich allein aus dem Grund, weil es keine Alternativen gab. Auch mir wurde eine Stelle angeboten. Ich nahm sie an. Ich sagte, ich könne Wortschatz unterrichten, aber nicht Grammatik.

Später wurde eine Russin eingestellt, die sich mit perfektem Deutsch und viel Leidenschaft sehr für den Studiengang und die Studenten einsetzte. Der betreffende Politiker ermöglichte sogar jedes Jahr einer Studentin einen Jahresaufenthalt im deutschsprachigen Raum. Es gab also vereinzelt Studenten, die Deutsch lernten. Die meisten jedoch antworteten auf die Frage »Wie geht's?« mit »Zu Markt« und bekamen trotzdem ein Diplom als Deutschlehrer und Übersetzer.

In meinen Augen war das Ganze ein vollends gescheitertes Hilfsprojekt. Aber für mich persönlich bot die deutsche Bibliothek nun eine Quelle hochwertiger Literatur, die mit ihren 16 000 Büchern nie versiegte.

# DER FLUSS

Fragt man mich nach meinem Lieblingsort in Hovd, ist die Antwort einfach und prompt: der Fluss. Dort habe ich viele schöne Stunden verbracht, allein und in Gemeinschaft. Hier veranstaltete ich im Sommer Picknicks oder machte mit der Jugendgruppe Lagerfeuer und Stockbrot, hier fanden die Taufen der Gemeinde statt und hier brachte ich ein paar mutigen Mongolen das Schwimmen bei. Zum Fluss ging man, wenn man mal rauswollte, um einen schönen Sonnenuntergang zu sehen oder um inmitten mancher Arbeitsfülle das wilde Mongoleigefühl zu erleben.

Von unserer Jurte lag der Stadtrand nur fünf Minuten entfernt. Wenn man sich nicht umschaute, konnte man die Stadt vergessen, denn vor einem lag ein typisches Mongoleipanorama. Unberührte Steppe, die hier und da mit Ziegen-, Yak- oder Pferdeherden übersät war, und am nicht zu weit entfernten Horizont zackige Berge.

Nach nur einer Minute kam man an den »Vorbach«. Es gab dort eine kaputte Betonbrücke noch aus sozialistischen Zeiten, aber man benutzte sie eigentlich nie, denn entweder zog man sich die Schuhe aus und watete durch den Bach oder man sprang von Stein zu Stein. Sieben Monate im Jahr konnte man einfach über das Eis gehen. Weitere zehn Minuten und dann kam der Hovd-Fluss. Ihn konnte man nicht durchwaten oder springend überqueren. Den Hovd-Fluss genoss man vom Ufer aus oder wartete, bis er zugefroren war.

Das Zufrieren eines Flusses hat etwas Magisches. Es geht nicht von jetzt auf gleich. Die Temperaturen müssen schon längere Zeit unter null Grad sinken. Es fängt immer damit an, dass das Wasser dickflüssiger wird, fast wie eine Art Wackelpudding. Dann friert es von den Ufern aus zu und schimmert in verschiedenen Farben. Dem Eis ist dann noch nicht zu trauen. Solange man noch sieht, dass das Wasser sich bewegt, darf man nicht aufs Eis. Der erste Spaziergang auf dem zugefrorenen Fluss ist dann jedes Jahr eine spannende Sache. Schritt für Schritt wagt man sich vor, lauscht mit angehaltenem Atem auf das leiseste Knacken. Doch sobald man weiß, dass der Fluss fest zugefroren ist, hat man sechs Monate lang schönste winterliche Spaziergehfläche.

Ab minus 20 Grad schneit es in der Mongolei nicht mehr und wegen der hohen Lufttrockenheit löst sich der selten fallende Schnee binnen drei oder vier Tagen in Luft auf. Überall, außer an Seen und Flüssen. Oft bin ich im Winter stundenlang auf dem Eis spazieren gegangen, die Berge im Blick, das Knirschen des Schnees und des Eises unter mir, ansonsten klare, kalte Luft, blauer Himmel und die Sonne über mir. Ich hing Gedanken nach, führte Selbstgespräche, lernte Texte auswendig und fällte so manche Entscheidung dort auf und an dem Fluss.

Wenn man im Frühling hier und da ins Eis einbricht und mehrere Zentimeter tiefer auf eine andere Eissicht stößt, weiß man, dass man vom Winter Abschied nehmen muss. In der

Zeit bin ich meist fast täglich zum Fluss gegangen, denn das Aufbrechen des Flusseises ist fast noch mystischer als sein Gefrieren. Es dauert nicht lange, nur wenige Tage, aber es ist ein Fest der Geräusche. Es knackt und knarrt, manchmal blinkt es auch und dann springt das Eis auseinander, das fließende Wasser wird sichtbar und ganze Stücke brechen vom Eis ab. Wie kleine Eisschollen treiben sie in der immer breiter werdenden Wasserrinne und jedes Mal wenn sie aneinanderstoßen, gibt es einen hellen Klang. War das Wasser im Herbst wie Wackelpudding, so ist es jetzt wie ein leer getrunkenes Cocktailglas, in dem nur noch die Eiswürfelreste stecken und vor sich hin schmelzen.

Kostbare Erlebnisse und Stunden birgt der Fluss in Hovd für mich. Würde ich die Stadt noch einmal besuchen, wäre mein erstes Ziel noch am selben Tag der Fluss.

FREUNDE

# DER JUNGE AUS DER STADT

Er kam aus der Hauptstadt und ihn umgab deutlich ein unverkennbares Stadtflair. Er war etwas selbstbewusster, etwas cooler, etwas fortschrittlicher als die anderen in meiner Jugendgruppe. Er wollte nicht hier sein – weder in der Jugendgruppe noch auf dem Land, aber seine Familie glaubte, dass die Schulen auf dem Land weniger anspruchsvoll seien und er hier in seinem letzten Schuljahr ein besseres Abschlusszeugnis erhielte. Das würde die Chancen auf ein erfolgreiches Studium erhöhen. Diese Aussicht war es, die dazu geführt hatte, dass er nun ein Jahr in Hovd bei seiner Oma wohnen und hier die Schule abschließen sollte. Seine Oma kam schon von Anfang an in unsere Gemeinde. Sie liebte Jesus und erzählte jedem strahlend, was dieser alles in ihrem Leben tat, und sie war es, die ihren Enkel zu meiner Jugendgruppe geschickt hatte.

Da saß er also, sichtlich desinteressiert. Mit ihm war Unruhe in die Gruppe gekommen, denn er war nicht nur aus der Stadt, er sah auch noch gut aus und war intelligent. Jeder hing an seinen Lippen, er war es, der den Ton angab: Wo er war, wollten die anderen sein, wer ihn hatte, hatte alle. Ich hatte ihn nicht. Zwar hatte sich durch ihn die Anzahl der Jugendlichen in der Gruppe erhöht, denn wegen ihm kamen plötzlich mehr Jugendliche in die Gruppe, aber er tuschelte und lachte, wenn ich sprach, und forderte offen weniger Bibelarbeiten und mehr Spiele.

Es lag sicher an seiner Großmutter und an dem fehlenden Konkurrenzprogramm, dass er trotzdem regelmäßig kam. Irgendwann fing er an, mich mit provozierenden Fragen herauszufordern – etwas, was sehr unüblich ist in einer Kultur, die den Lehrer hoch verehrt. Ich gab mir Mühe, seine Fragen zu beantworten, und nahm irgendwann aus Mangel an Mongolischkenntnissen das neu gedruckte mongolische Bibellexikon zu Hilfe. Mir gefiel dieses Buch sehr, aber ich vermutete, dass es in dieser mündlichen Kultur nur wenig Leser fände.

Es stellte sich jedoch heraus, dass er einer von ihnen wurde. Er fand das Lexikon faszinierend. Er fand Antworten auf seine Fragen, die Forderung nach mehr Spielen ließ nach. Im Laufe der Wochen veränderte sich seine Einstellung. Plötzlich wollte er selbst eine Stunde leiten. Als wir im Sommer beschlossen, am Fluss Kinderstunden abzuhalten, war er bei jedem Theaterstück dabei, lernte Seiltricks von mir und übernahm mit zwei anderen die Erklärungen, während ich mich im Hintergrund hielt.

Und dann kam das Abschiedswochenende. Der Sommer war vorbei, er würde bald in die Stadt zurückkehren. Bekannte hatten mir für eine Nacht ihre Jurte am Fluss zur Verfügung gestellt, damit ich mit den Jugendlichen noch einmal etwas zusammen unternehmen konnte. Nach einem vollen Tag mit Spielen, Schwimmen, Kochen und Matratzenlagerherrichten lag ich müde mitten zwischen den Jugendlichen und stellte mich schlafend, als ich etwas gefragt wurde.

Nur gut, dass ich nicht wirklich schlief, denn was dann kam, hätte ich nicht verpassen wollen. Zwischen abendlichem Geplänkel fragte dieser Junge plötzlich, was eigentlich jeder Einzelne von Jesus halte. Stille. »Okay, ich werde anfangen«, sagte er und begann. Er erzählte, dass er sich am Anfang nur lustig gemacht habe – über seine Oma, über mich und mein Mongolisch. Aber eines Tages sei er von der Jugendgruppe gekommen und habe seine Oma krank vorgefunden. Abends habe er im Bett gelegen und daran gedacht, was ich über Gebet gesagt hatte, und da hatte er es einfach ausprobiert. Und Gott hatte ihn erhört. Seine Oma war bereits am Morgen wieder ganz gesund und sie hatten sich das Geld für die Medikamente sparen können.

Ich hatte die Geschichte von seiner Oma gehört, aber nicht gewusst, dass es der Moment gewesen war, in dem er, der Skeptiker, angefangen hatte, Jesus ernst zu nehmen. Nach ihm berichteten die anderen und es war einer jener seltenen Momente, in denen ich die Frucht meiner Arbeit genießen durfte.

Die Geschichte war noch nicht zu Ende. Der Junge ging zurück in die Stadt, doch der Plan mit dem besseren Abschlusszeugnis hatte sich als falsch erwiesen. Wie die meisten mongolischen Studenten durfte er sich das Studienfach nicht selbst aussuchen, sondern der Staat teilte ihn willkürlich ein. Als ich im Frühjahr nach Ulaanbaatar kam und ihn wiedertraf, war er unglücklich. Das Studium machte ihm keine Freude und der Jugendpastor in seiner Gemeinde hatte ihm verboten, Fragen zu stellen. Er war unzufrieden, rastlos und vermisste Hovd. Was er gerne machen würde, wenn er könne, fragte ich. Eine gefährliche Frage in einem Land, in dem Selbstverwirklichung nicht wirklich möglich ist, wenn man weder Beziehungen noch Geld hat.

»Ich würde auf eine Bibelschule gehen«, antwortete er mir.

Diese Antwort begleitete mich, als ich schon wieder in Hovd war. Wochen später, als seine Oma zu einem Besuch in die Stadt reiste, schrieb ich einen langen Brief an ihn und gab ihn ihr mit. In einem Abschnitt deutete ich an, dass es für ihn vielleicht doch Wege gäbe, zur Bibelschule zu gehen. Und wenn dem so wäre, ob es nicht besser sei, das Schulgeld und die Zeit in etwas zu stecken, was er wirklich lernen wolle?

Ich erhielt nie eine Antwort auf den Brief, was mich nicht erstaunte. Es war eben eine mündliche Kultur. Aber als ich ihn das nächste Mal traf, teilte er mir mit, dass er aufgrund meines Briefes sein Studium abgebrochen hatte und nun mit dem Einverständnis seiner Familie auf eine Bibelschule ginge. Ich schluckte, mir wurde jetzt erst bewusst, wie sehr er mich als Mentorin sah und auf meine Worte hörte, und ich hoffte inständig, dass ich ihn mit meinem westlichen Rat nicht in lauter Schwierigkeiten brachte.

Meine Hoffnungen wurden erfüllt. In der Bibelschule blühte er auf. Er wechselte die Gemeinde, wurde Jugendgruppenleiter und im dritten Jahr Co-Pastor. Als ich mein letztes Jahr wieder in der Hauptstadt verbrachte, sahen wir uns regelmäßig. Ich nahm an seiner Absolvierungsfeier teil, lernte seine spätere Frau kennen und wir brachten zusammen ein Spielebuch heraus.

Als ich nach Deutschland zurückkehrte, verlor sich der Kontakt. Ich hörte, dass er zum Masterstudium nach Amerika gegangen sei. Auf der einen Seite freute es mich, würde er doch dort alle Fragen stellen dürfen, die er immer noch hatte. Auf der anderen Seite hoffe ich sehr, dass er nicht dortbleiben, sondern eines Tages wieder in die Mongolei zurückkehren und den Menschen in seinem Land von diesen Erkenntnissen erzählen würde.

# DIE SEELENOASE

Das Erste, was wir gemeinsam taten, war, die Möbel in meiner Jurte zu verrücken, damit mein Bett zwischen zwei Holzkisten Platz hatte. Sie war die Haushaltshilfe meiner Mitarbeiterin und sie war gerade in der Jurte, als ich mit meinen sieben Sachen von Ulaanbaatar nach Hovd zog. Mein Mongolisch war trotz anderthalb Jahren Sprachstudium nur in Ansätzen vorhanden, aber da sie regelmäßig zu uns kam, lernten wir uns rasch kennen.

Sie sagte später oft, dass sie schon in dem Moment, als ich mit den Bettteilen in der Tür stand, wusste, dass sie mich mochte. Der Moment, in dem für mich unsere Freundschaft begann, war ein dunkler Abend. Ich war gerade zwischen einigen Plattenbauten auf dem

Weg nach Hause, als plötzlich jemand meinen Namen rief. Da ich kein räumliches Gehör habe, schaute ich suchend in alle Richtungen und sah sie plötzlich winkend, halb aus dem Fenster hängend.

»Komm hoch«, rief sie. Ich hatte keine große Lust und fragte mich beim Treppensteigen, was sie wohl von mir wollte. Es stellte sich heraus, dass sie gar nichts von mir wollte, sondern mich im Gegenteil zum Essen einlud und mit einer Mitstudentin bekannt machte, mit der wir später öfter etwas unternahmen.

Es wurde ein heimeliger Abend in einem kleinen Zimmer, bei Kerzenschein aufgrund eines spontanen Stromausfalls und leckerem mongolischen Essen. Gespräche gab es noch nicht viele, aber es war trotzdem richtig nett und unkompliziert. Ich ging ganz beseelt nach Hause. Einige Monate später kam es zu einer ähnlichen Begegnung. Sie rief mich auf dem Handy an und fragte, ob ich mit ihr am Fluss spazieren gehen wolle. Ich sagte Ja und wartete während des ganzen Spaziergangs auf den Moment, in dem sie mich um Geld bitten würde.

Sie tat es nicht. Sie redete von ihrem Studium und davon, dass sie jetzt, wo der Winter vorbei sei, solche Frühlingsgefühle hätte. Ich blickte mich um und konnte mir ein Lächeln nicht verkneifen. Gut, der Fluss war nicht mehr zugefroren, aber da war kein Grün und keine Blume, die den Kopf aus dem Boden steckte. Da war kein warmes Lüftchen und auch kein Insekt, das durch die Luft schwirrte. Es war einfach nicht mehr kalt. Aber das reichte wohl. Auf jeden Fall wollte sie sich verlieben und ich hätte, was mich betraf, auch nichts dagegen gehabt.

Bis zum Ende wollte sie kein Geld von mir, sondern einfach nur gemeinsam Zeit verbringen. Das war so ungewöhnlich, dass sich mein Herz auf einmal mit viel Dankbarkeit füllte und ihr zuflog. Eine Freundin, bei der ich einfach sein durfte! Wo nichts erwartet wurde, wo es keine Hintergedanken gab, wo es um mich ging. Eine Seelenoase, die sich zu einer tiefen Freundschaft entwickelte. Wir trafen uns oft. Um zu spielen, um im wahrsten Sinne des Wortes über Gott und die Welt zu reden und um uns gegenseitig in unserer Kreativität zu ermutigen.

Sie war Kunststudentin und ich leistete ihr so manches Mal Gesellschaft, während sie an ihrem Abschlussbild arbeitete. Ich besuchte ihre erste Ausstellung und ich machte bei ihr – es war minus 45 Grad – Urlaub, als sie nach dem Studium in der Nachbarprovinz eine Stelle als Kunstlehrerin bekommen hatte. Ich hielt sie stundenlang in den Armen, als sie um den Tod ihres ersten Kindes weinte. Und Jahre später winkten mir ihre Kinder aus dem Fenster zu, als sie mich unten auf der Straße gehen sahen. Wie es damals ihre Mutter gemacht hatte – vor so vielen Jahren.

# DIE ERBEN DES DSCHINGIS KHAN

Schon als ich das erste Mal bei ihnen in die Jurte trat, fühlte ich mich wohl. Das Bett stand auf gelben Holzklötzen, um durch die extra Höhe etwas extra Wärme zu bekommen. Der Sohn tauchte gerade zwischen Jurtenwand und Sofa auf, weil sein fliegendes Gummiband anscheinend genau dort gelandet war. An der Wand hing ein Foto mit einer Gruppe von Bogenschützen. Der Mann kochte, seine Frau war gerade zu einem Kurs in der Stadt.

Sie lebten in einem Dorf und immer wenn wir dort waren, übernachtete ich bei ihnen oder schaute wenigstens mal vorbei. Und da ich immer ein Kartenspiel bei mir hatte, verbrachten wir so manchen Abend spielend. Die mongolischen Begriffe für »Trumpf«, »gelegt ist gelegt«, Kreuz, Pik, Herz und Karo lernte ich von ihnen. Außer dem Spielen verband uns eine gewisse Freude am Abenteuer. Ihnen verdanke ich so manchen Kamelritt, eine Expedition in die Tiefen einer Höhle, die Wanderung zu einem Gletschersee, Picknicks am rauschenden Fluss, Bogenschießen im Sonnenuntergang und die rasante Fahrt in einem Polizeiauto, das ein Pferderennen begleitete.

Ihre Mutter nähte mir eine Schaffellweste – ganz unmongolisch nach meinen Wünschen extralang und mit Stehkragen gegen den kalten Wind.

Und dann war da noch die Silvesternacht in der dörflichen Turnhalle, in der wir in mongolischer Kleidung russischen Walzer tanzten.

Einen echten Freundschaftsbeweis lieferte der Vater mir, als mein Vorgesetzter aus der Stadt zu Besuch kam und unter anderem auch das Dorf aufsuchte. In der Hierarchie, die bei Kommunisten sehr wichtig ist, stand mein Leiter einige Stufen über mir und man hätte seinen Besuch leicht als eine Kontrollvisite verstehen können. Doch er wollte nur unsere Projekte sehen und kam so auch mit meinem freundschaftlichen Familienvater und dessen Freunden, dem Direktor des Kulturzentrums und einem Dorfschullehrer in Kontakt. Mir blieb fast der Mund offen stehen, als die drei allesamt im Brustton der Überzeugung von mir schwärmten. Wie toll ich die Arbeit mache, wie dankbar das ganze Dorf für unsere Projekte sei, wie gut mein Mongolisch geworden sei, ob er wisse, was für eine erfolgreiche Bogenschützin ich sei …

Es wollte kein Ende nehmen und ihre Lobesreden hatten vollen Erfolg. Mein Leiter war tief beeindruckt.

Was mich angeht, erinnere ich mich, wenn ich an diese Familie denke, an eine in jeder Hinsicht warme Jurte, den oft geteilten Humor und unbeschwerte Stunden. Ich vermisse sie.

# DIE SEELENVERWANDTE

Es war keine Liebe auf den ersten Blick. Wir hatten uns in Ulaanbaatar zwar ein paarmal gesehen, aber wohl auch wegen meiner mangelnden Sprachkenntnisse nur wenig miteinander gesprochen und nicht viel Notiz voneinander genommen. Dann war ich in den Westen aufs Land gezogen und damit schien der oberflächliche Kontakt sein Ende zu nehmen. Was an seine Stelle trat, war alles andere als oberflächlich. Eine Freundschaft, deren große Nähe das Wort Seelenverwandtschaft ausdrückt und die nicht oft vorkommt.

Die Wende kam, als sie zwei Jahre nach meinem Wegzug aus Ulaanbaatar beschloss, für unsere Hilfsorganisation im Westen zu arbeiten. Und weil es sinnvoll war, zog sie als

Dritte zu uns in die Jurte. Bis dahin war ich die Jüngste in unserem Team gewesen, sowohl was die Lebensjahre als auch was die Anzahl der Jahre in der Mongolei betraf. Oft kam es mir so vor, als könne ich die Ansichten meiner Mitarbeiter nicht recht teilen. Und immer wieder wurden meine Ideen verworfen, teils sogar mit meiner Zustimmung, da ich eben annahm, dass ich die Kultur noch nicht gut genug kannte und noch nicht mongolisch genug dachte. Welch Überraschung war es, als sie auftauchte und in Mitarbeiterbesprechungen plötzlich ganz ähnliche Bemerkungen und Ideen einwarf wie ich. Sie, die doch durch und durch Mongolin war.

Wir lebten zusammen, wir arbeiteten zusammen, wir gingen in dieselbe Gemeinde und fuhren oft gemeinsam in die Dörfer, um an Projekten zu arbeiten. Wir verbrachten gemeinsame Stunden im Auto, im Büro, in der Jurte – und wir liebten es beide, alleine am Fluss spazieren zu gehen. Man kann vieles teilen und trotzdem nicht miteinander warm werden. Wir wurden miteinander warm. Wir sprachen über Autoren wie Victor Hugo und Dostojewski, wir reparierten den Wasserkocher und die Klotür zusammen. Wir bastelten Dekoration aus altem, deutschen Geschenkpapier, diskutierten über Filme und spielten zusammen. Wir zelebrierten unsere Kaffeepause und sie erklärte mir unzählige mongolische Worte.

Denn ob es nun daran lag, dass wir ähnlich dachten oder sie einfach gut zuhören konnte, wenn ich etwas sagte, verstand sie mehr, als mein limitiertes Mongolisch zustande brachte, sie verstand, was ich wirklich sagen wollte. Sie verstand mich und somit verstand sie auch meinen Humor und meine inneren Kämpfe mit mir selbst und dem Leben. Wir teilten unsere Träume, Zweifel, Wut und Freuden.

Einmal waren wir wieder mal auf dem Weg zu einem Dorf und hatten in der Ferne ein Tier weglaufen sehen. Der Fahrer behauptete, es sei ein Wolf gewesen, andere Mitfahrer bestanden darauf, es sei ein Fuchs. Sie stritten sich und irgendwann meinte ich, vielleicht wäre es ja ein »Wolchs« gewesen. Nur sie lachte lauthals los, während die anderen uns verständnislos anstarrten.

Ein anderes Mal kämpften wir uns gemeinsam durch eine Lebensmittelvergiftung hindurch, später feierten wir den Abschluss des Schul-Gesundheits-Klub-Projekts. Wir hatten bereits fast alle Dörfer der Provinz besucht, hatten in allen Schulen über die Folgen von

Alkohol- und Nikotinkonsum aufgeklärt, konnten die Lektionen des anderen jeweils auswendig und hatten beide genug von diesem leider recht erfolglosen Projekt. Als wir dann das letzte Dorf und die letzte Schule besucht hatten und wieder zu Hause waren, gingen wir in einen Laden, kauften eine Flasche Sangria und feierten den Abschluss, indem wir fröhlich die Flasche leerten.

Sie blieb zwei Jahre in Hovd, später hatten wir noch ein gemeinsames Jahr in Ulaanbaatar, aber ansonsten lebten wir an getrennten Orten. Aber sie schreibt mir bis heute noch Briefe – und noch immer versteht sie mein Mongolisch und noch immer wächst unsere Freundschaft mit jedem Kontakt.

Wenn ich es nicht erlebt hätte und immer weiter erleben darf, könnte ich es nicht glauben, dass zwei Menschen aus derart unterschiedlichen Kulturen sich so tief und aufrichtig verstehen können. Seelenverwandte über Kontinente hinweg. Erstaunlich!

# GLAUBENSGESCHWISTER

Es klingt ja unglaublich fromm, wenn man von den »Brüdern und Schwestern«, den »Geschwistern im Herrn« redet und damit alle einbezieht, die eine persönliche Beziehung zu Gott haben und damit »Kinder eines Vaters« sind. Faszinierend wird es, wenn man erkennt, dass diese fromme Floskel keine Floskel, sondern eine tiefe geistliche Wahrheit ist. Diese Erkenntnis habe ich meinen mongolischen Geschwistern zu verdanken.

Eine Gemeinde ist – im Gegensatz zu einem Freundeskreis – eine Gruppe von Menschen, die man sich nicht ausgesucht hat. Und so manches Mal trifft man auf Personen, deren Wege man nie kreuzen würde, weil Persönlichkeit, Alltag, Hobbys und Lebenswandel ganz unterschiedlich sind. Aber weil man den Glauben teilt, trifft man sich bei Gemeindeveranstaltungen und muss zwangsläufig seinen Horizont erweitern.

Durch die Gemeinde lernte ich die Breite der mongolischen Gesellschaft kennen. Da gab es Geschäftsleute, Beamte, Händler, Arbeitslose, Studenten und Hausfrauen. Die einen lebten als Nomaden, die anderen nicht; einige waren verheiratet, andere alleinstehend. Und dann gab es noch die typischen Gegensatzpaare: Kranke und Gesunde, Alte und Junge, Reiche und Arme, Gebildete und Analphabeten, Männer und Frauen. Sie alle waren Mongolen mit einem total anderen Hintergrund und Lebenslauf als ich und doch verband uns der Glaube an Jesus, das Zentrum unseres Lebens.

Das war nicht selbstverständlich. Alle diese Menschen waren Christen der ersten Generation. Ihre Eltern und ihre Hintergründe waren buddhistisch, schamanistisch, kommunistisch oder kapitalistisch. Doch aus verschiedensten Gründen hatten sie sich entschieden, an Jesus zu glauben. Und mit dieser Entscheidung kam die Frage: Wie lebe ich eigentlich als mongolischer Christ in einer nicht christlichen Gesellschaft? Wie gehe ich mit der allgegenwärtigen Korruption um? Bezahle ich Bestechungsgelder, um einen Job oder eine Genehmigung zu erhalten, oder nicht? Bin ich bereit, in allem ehrlich zu sein und dadurch Nachteile in Kauf zu nehmen? Darf ein Christ sich betrinken oder nicht?

Meine mongolische Mitarbeiterin und ihr Mann waren die ersten Christen in Hovd, die heirateten. Sie stellten sich Fragen wie: Wie sieht eine mongolische christliche Hochzeit aus? Was bedeutet es, einander vor Gott Treue zu schwören? Wie stellt sich Gott eine Ehe vor? Wie erzieht man seine Kinder als mongolischer Christ?

Wir erlebten auch die erste Beerdigung eines Christen und damit die Frage: Wie kann man den christlichen Glauben ausdrücken und Rituale schaffen, die für die zukünftigen Generationen die Hoffnung des ewigen Lebens zeigen?

Einmal starb ein Neugeborenes, keinen Tag alt, ohne Namen. In der mongolischen Tradition, in der das Alter viel zählt, zählt ein toter Säugling eigentlich kaum als Mensch. In alten Zeiten wurde so ein Kind in die Prärie geworfen und von Geiern gefressen. Von der Bibel her hatten wir es hier aber mit einem Menschen zu tun, den Gott geschaffen und gewollt hatte, der etwas von Gottes Wesen in sich trug, einfach schon, indem er gewesen war. Dieser Mensch war geliebt, von Gott, von seinen Eltern, von den Glaubensgeschwistern, die für die Schwangerschaft gebetet hatten. Bei so einem Menschenbild konnten wir das Kind nicht in die Prärie werfen. Wir setzten uns zusammen und überlegten, wie wir dieses Kind in aller Würde und gottwohlgefällig beerdigen könnten.

Außer solchen einschneidenden Momenten gab es natürlich auch alltägliche Fragen. Die Mongolei ist kein Sozialstaat und auch das Gesundheitswesen hat seine Einschränkungen. So beinhaltete Gemeinde auch bald Unterstützung der Armen und viel Gebet für die Kranken.

Wenig Diskussion gab es allerdings bei der Tauffrage. Die war ganz vom Wasser abhängig. Im Sommer wurde im Fluss getauft, im Winter im Haus. Gab es warmes Wasser, tauften wir in der Badewanne, gab es nur kaltes, wurde nur der Kopf übergossen, gab es gar kein Wasser, wurde Sprudel gekauft und der Täufling mit diesem Wasser besprenkelt.

All dieses gemeinsame Überlegen, Umsetzen, Beten und Erleben hat uns zusammengeschweißt und ja, trotz aller kulturellen und persönlichen Differenzen waren wir Geschwister. Als ich durch eine schwere Zeit ging, beteten sie nicht nur für mich, sie glaubten für mich, was ich nicht mehr glauben konnte, und trugen mich so durch.

Und wie es sich für Geschwister gehört, lernten wir auch voneinander. Nicht selten schlackerte ich mit den Ohren, wenn ich zum Beispiel hörte, wie meine Geschwister Träume auslegten und behaupteten, Gott hätte durch diese Träume zu ihnen gesprochen. Gut, dass ich schweigend zugehört und meine Bedenken nicht geäußert habe, denn es zeigte sich immer wieder, das nicht ich, sondern sie recht hatten.

Das Gleiche galt für den Umgang mit der geistlichen Welt und dem Einschätzen von bösen Geistern. Da war ich ein Grünschnabel und lernte vieles. Sehr bereichert hat es mich, die Bibel mit mongolischen Augen zu lesen. Das nomadische Leben im Alten Testament oder die Gleichnisse im Neuen Testament sowie die Einflüsse einer orientalischen Kultur konnte ich auf einmal ganz neu einschätzen. So kann ich Paulus heute von Herzen zustimmen, wenn er sagt: »Das wird euch dazu befähigen, zusammen mit allen anderen, die zu Gottes heiligem Volk gehören, die Liebe Christi in allen ihren Dimensionen zu erfassen – in ihrer Breite, in ihrer Länge, in ihrer Höhe und in ihrer Tiefe« (Epheser 3,18; NGÜ).

Welcher Reichtum, eine solche weltweite Familie zu haben!

# ABBILDUNGEN

Folgende Fotos sind nicht selbsterklärend und haben deshalb eine kurze Unterschrift, damit es besser verständlich ist.

S. 162 Das Zeugnis der Oma: Typisch traditionelle Kleidung und Jurteneinrichtung.

S. 172 Das olympische Gold: Die Ringerpaare kämpfen gleichzeitig. Der Sieger kommt in die nächste Runde.

S. 175 Der Wettkampf: Eisschießen mit Steinen auf einem zugefrorenen Fluss.

S. 194 Im Gefängnis: Der Klassenausflug endet im Schneesturm, was die Schüler auf der Ladefläche des Lkws nicht die Laune verdirbt.

S. 197 Die Bücherei: Eine Hauptverkehrsstraße, die an einem Dorf entlangführt.

S. 208 Die Seelenoase: Der Huvsgul-See im Norden der Mongolei.

S. 213 Die Seelenverwandte: Die Mongolei ist ein Paradies für Archäologen. Hier ein altes Hunnengrab.